その街には
小さな図書館があった

そこには
穏やかで優しい女の子がいて

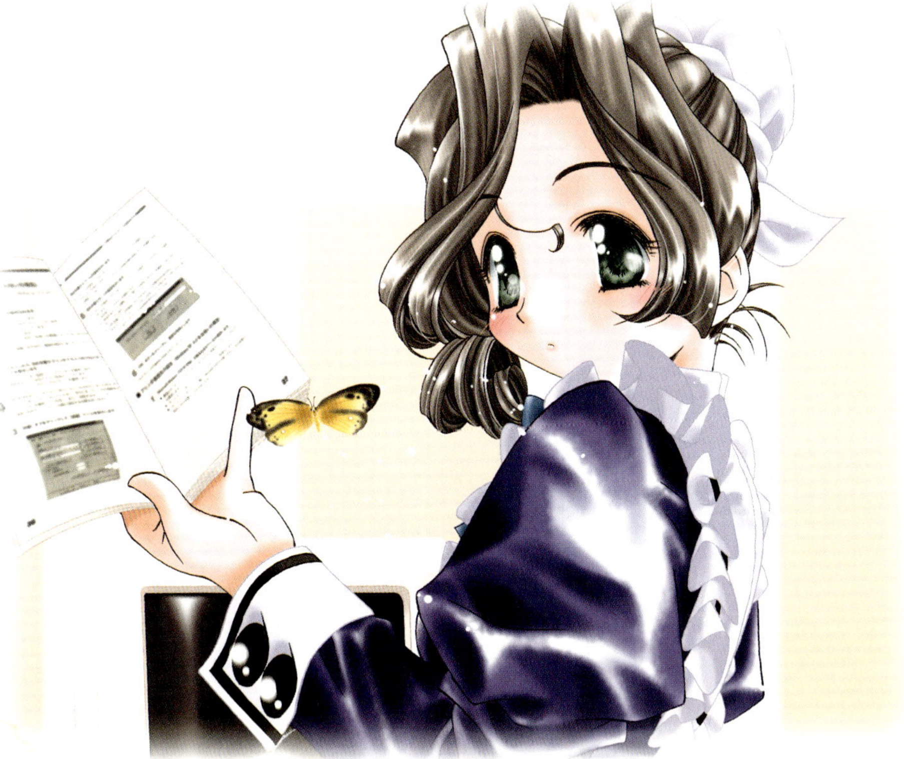

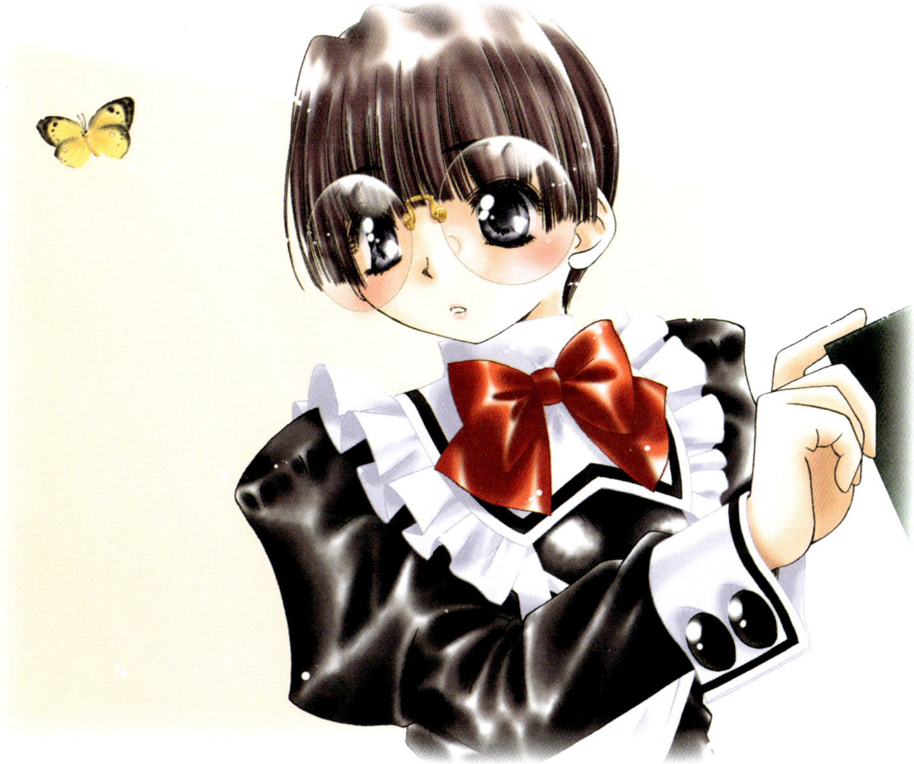

しっかり者の女の子がいて…

図書館と同じ名前の女の子がいた……

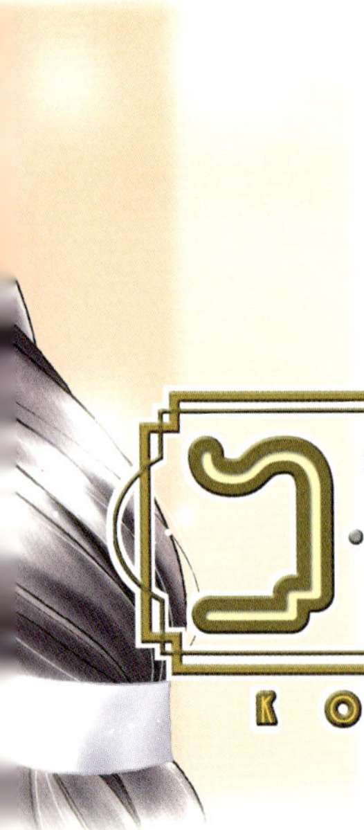

ココロ図書館

KOKORO LIBRARY

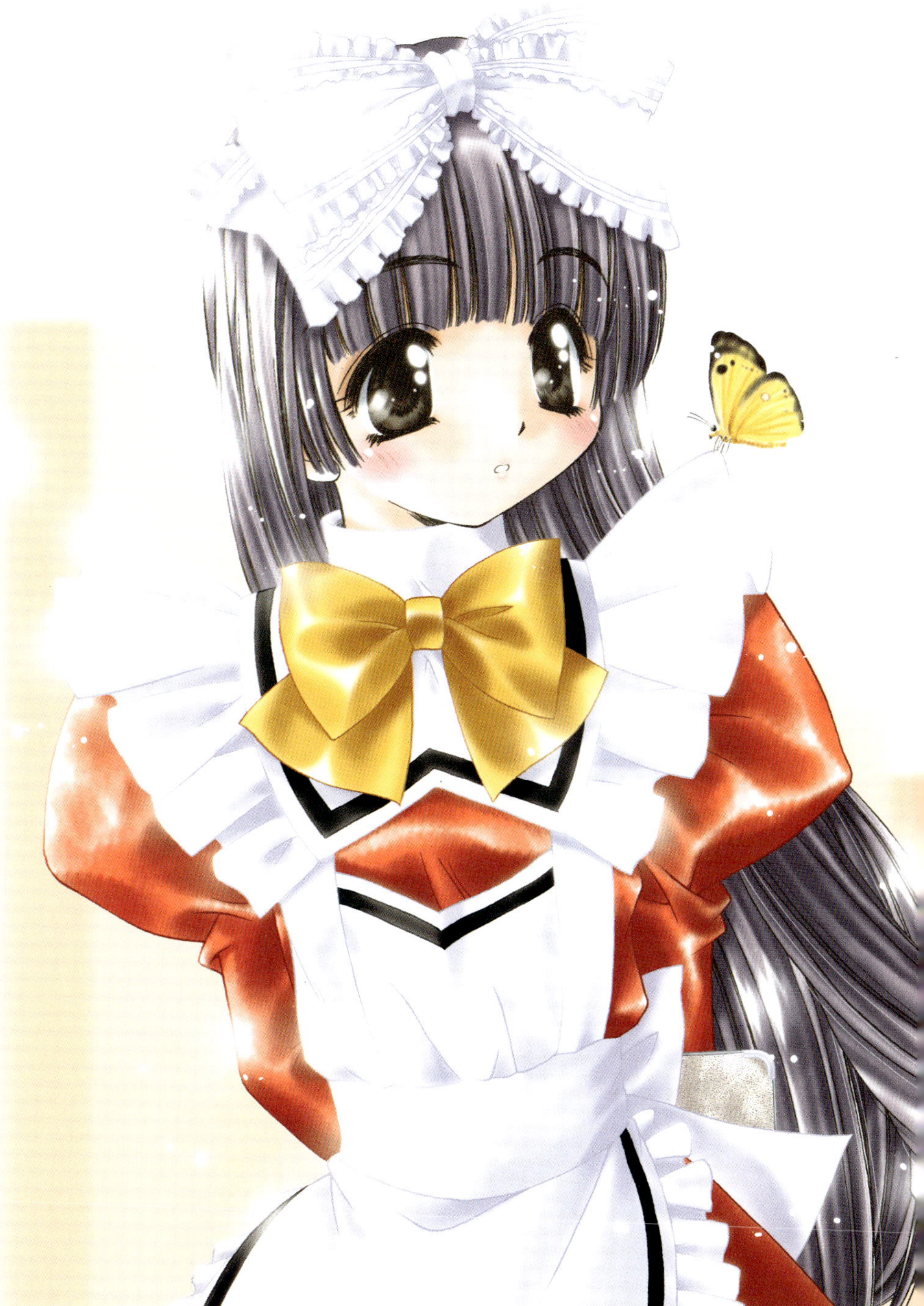

第 1 話

「a librarian' KOKORO」

「小っちゃな図書館にいる小っちゃな司書」

第 2 話

「a tragical book」

「ずっといっしょ」

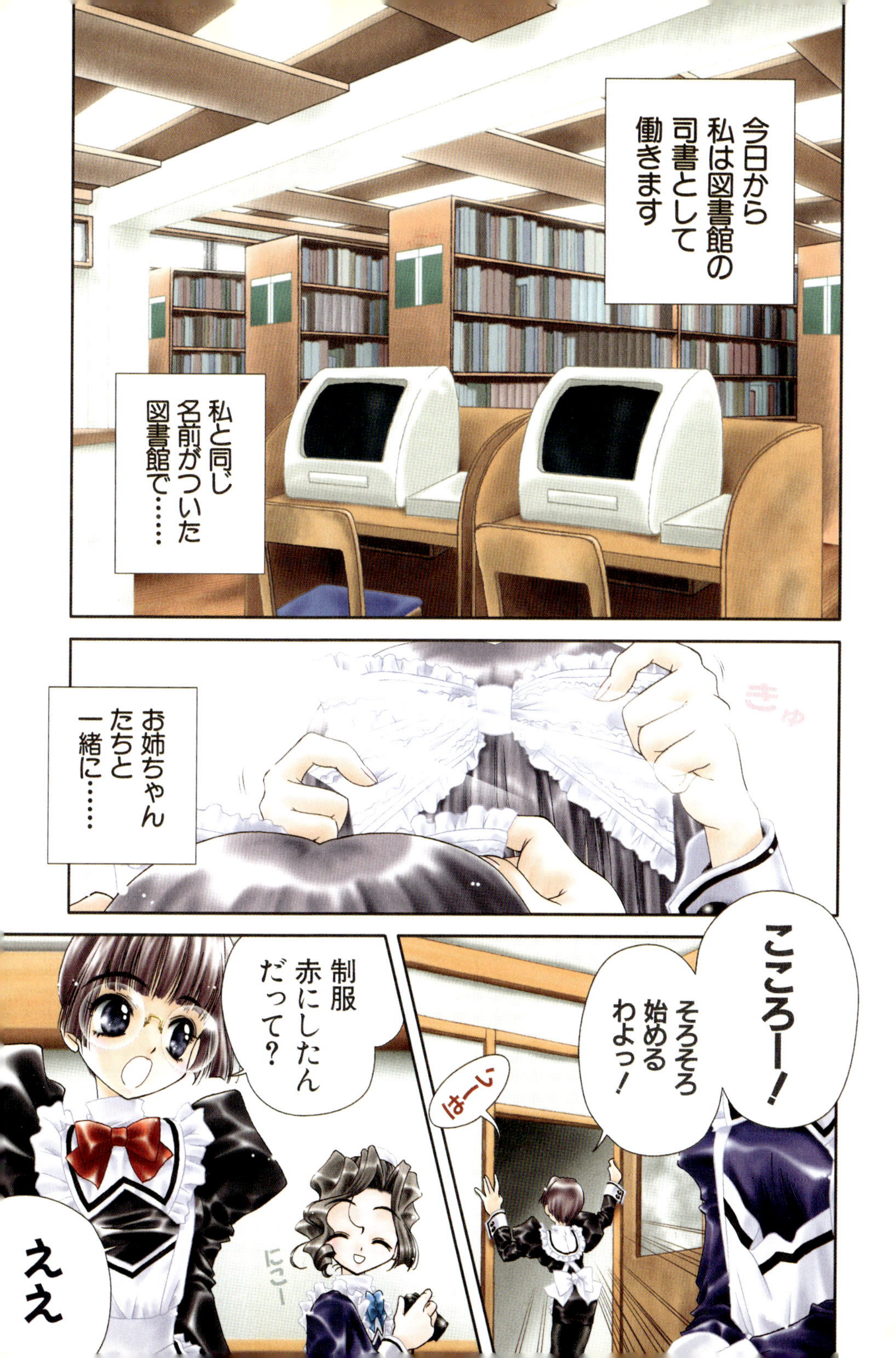
今日から私は図書館の司書として働きます
私と同じ名前がついた図書館で……
きゅ
お姉ちゃんたちと一緒に……
こころーー！
そろそろ始めるわよっ！
はーい
制服赤にしたんだって？
にこー
ええ

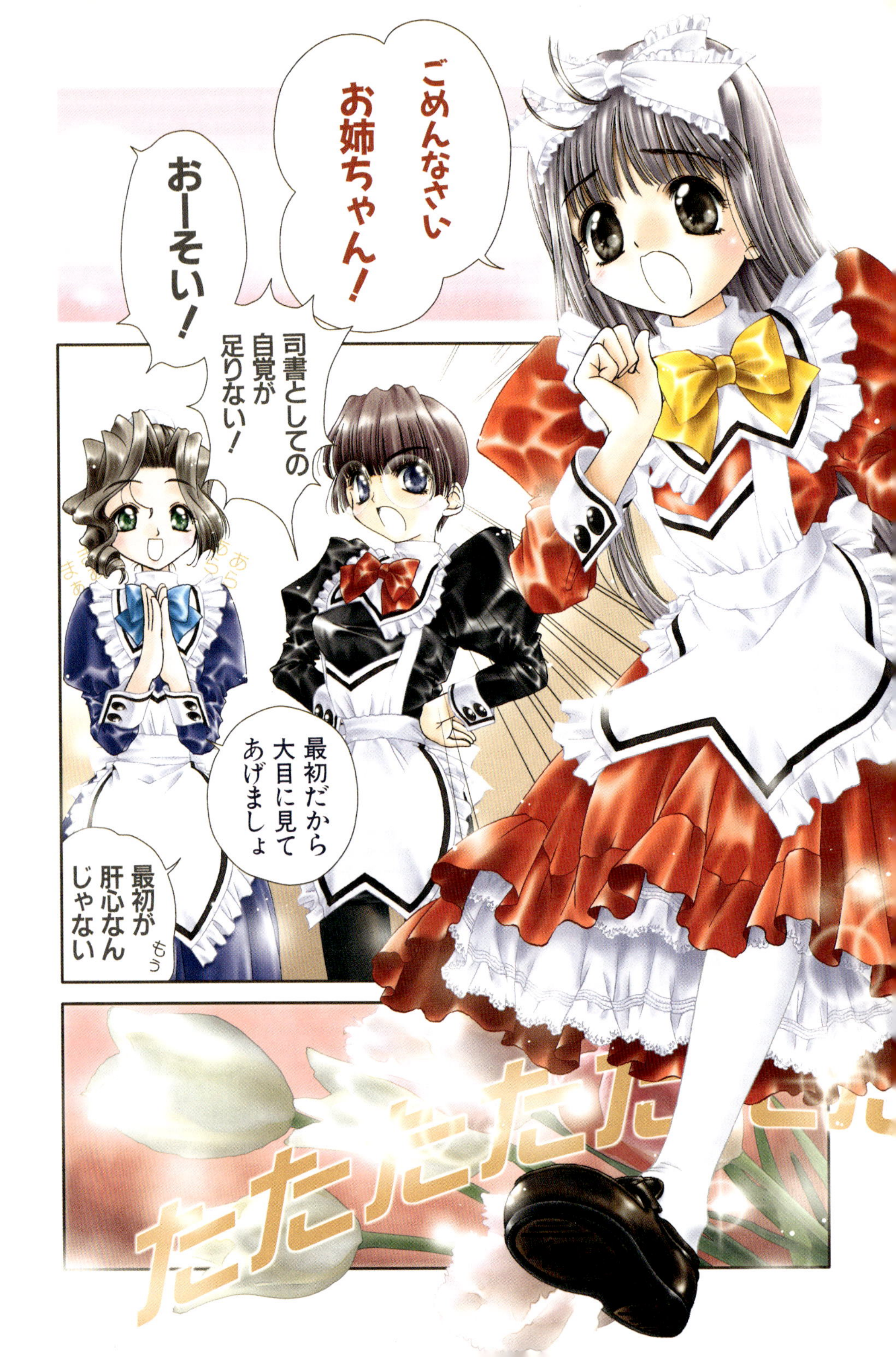

ごめんなさい
お姉ちゃん！
おーそい！
司書としての
自覚が
足りない！
あらあら
まぁまぁ
最初だから
大目に見て
あげましょ
もう
最初が
肝心なん
じゃない
たたたた

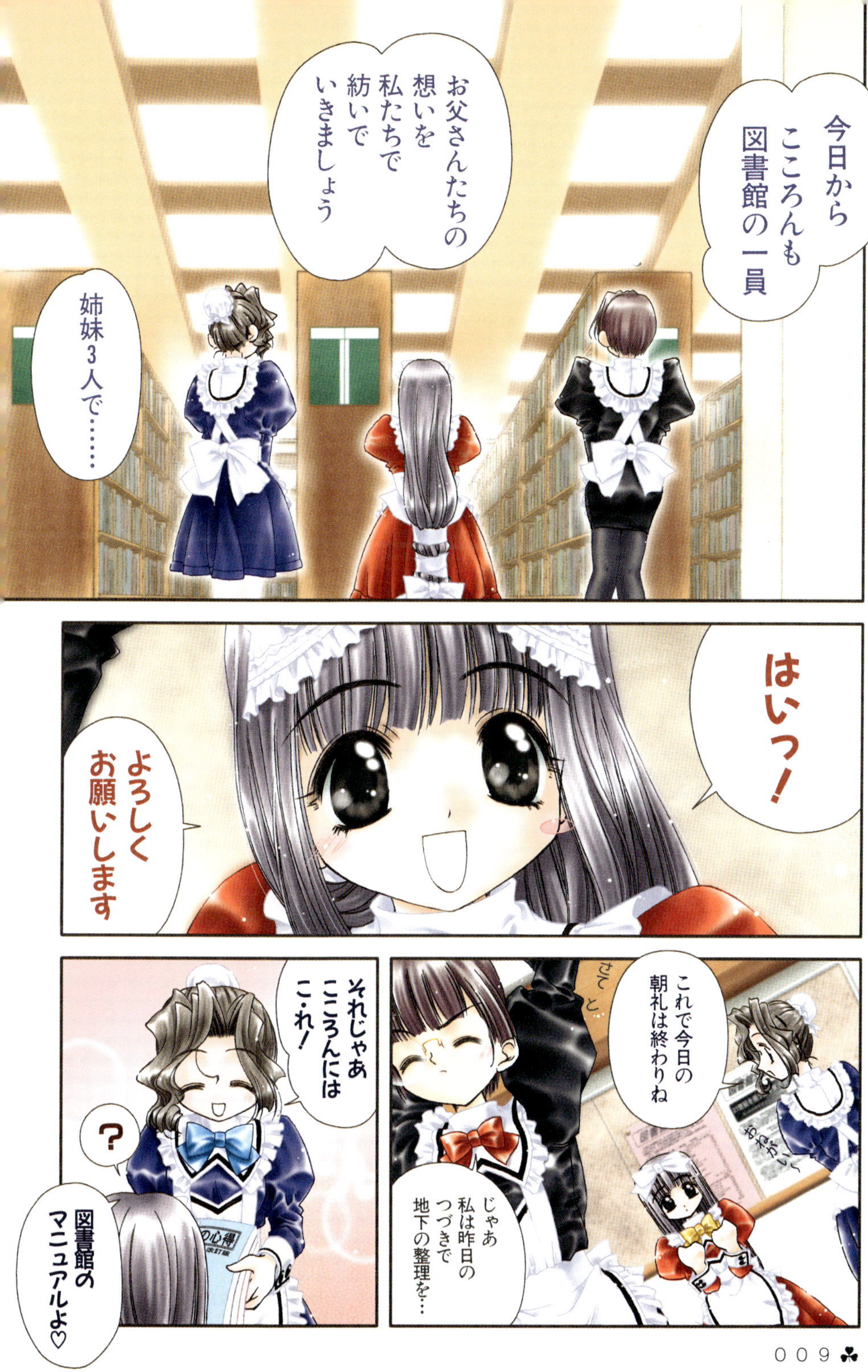
今日から
こころんも
図書館の一員
お父さんたちの
想いを
私たちで
紡いで
いきましょう
姉妹3人で……
はいっ!
よろしく
お願いします
さてと
これで今日の
朝礼は終わりね
じゃあ
私は昨日の
つづきで
地下の整理を…
おねがい～
それじゃあ
こころんには
こ・れ!
?
図書館の
マニュアルよ♡

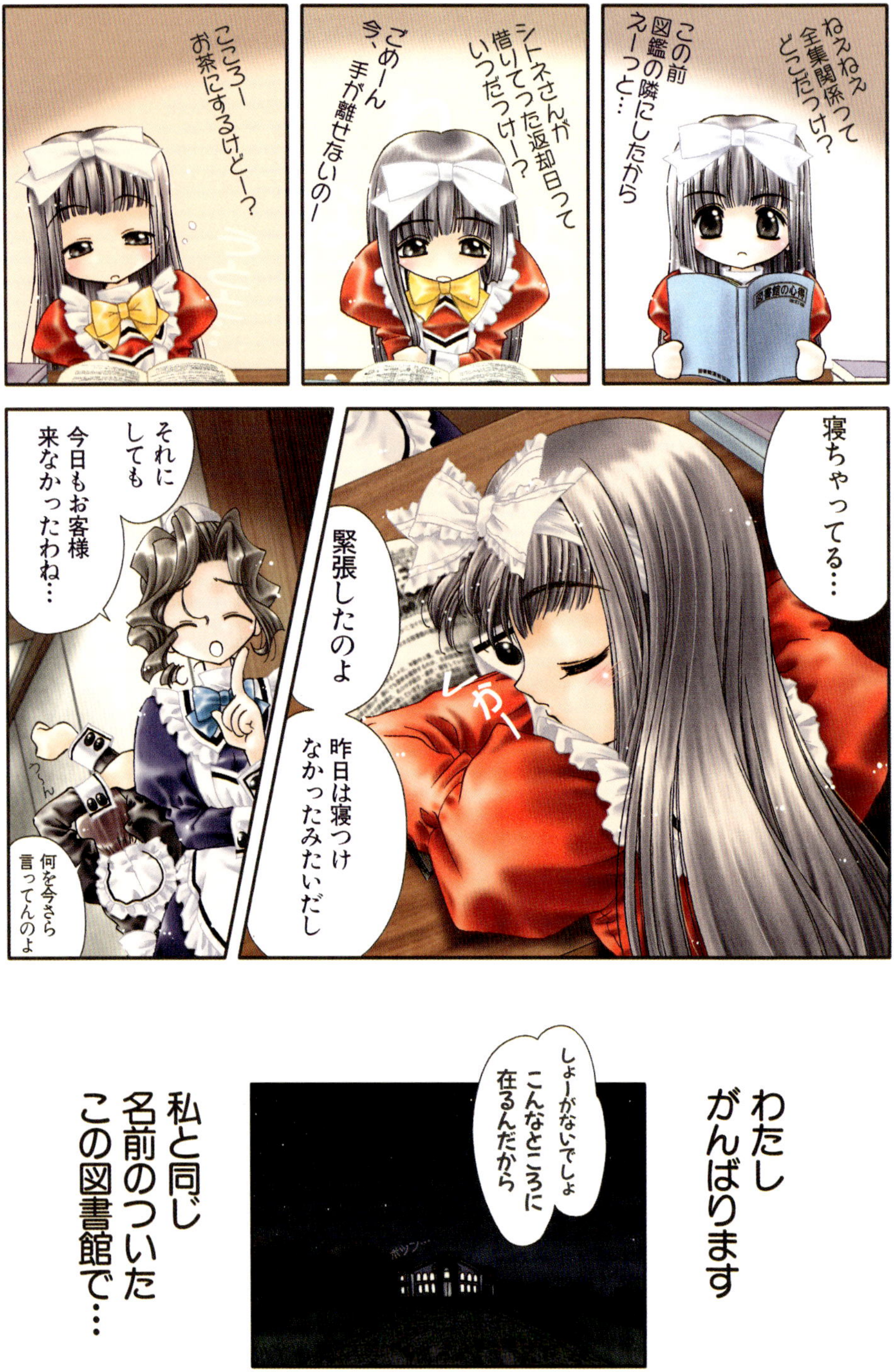
ねえねぇ 全集関係って どこだっけ？
この前 図鑑の隣にしたから えーっと…
図書館の心得
シトネさんが 借りてった返却日って いつだっけー？
ごめーん 今、手が離せないのー
こころー お茶にするけどー？
寝ちゃってる…
緊張したのよ
昨日は寝つけ なかったみたいだし
それに しても 今日もお客様 来なかったわね…
何を今さら 言ってんのよ
わたし がんばります
しょーがないでしょ こんなところに 在るんだから
ポツン…
私と同じ 名前のついた この図書館で…

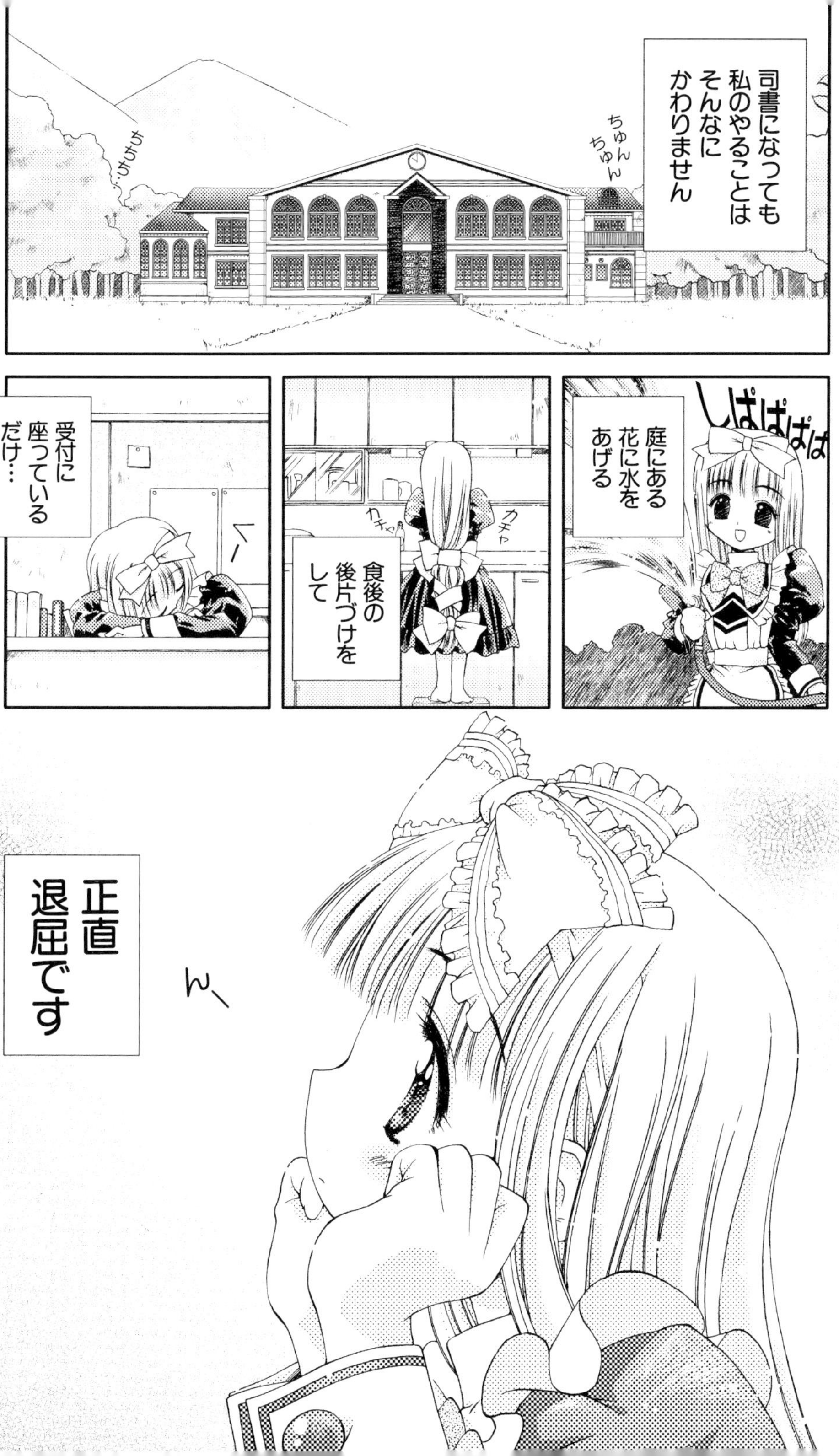
司書になっても私のやることはそんなにかわりません
ちゅんちゅん
ちちち…
しぱぱぱぱ
庭にある花に水をあげる
カチャ
カチャ
食後の後片づけをして
受付に座っているだけ…
く…
正直退屈です
ん、

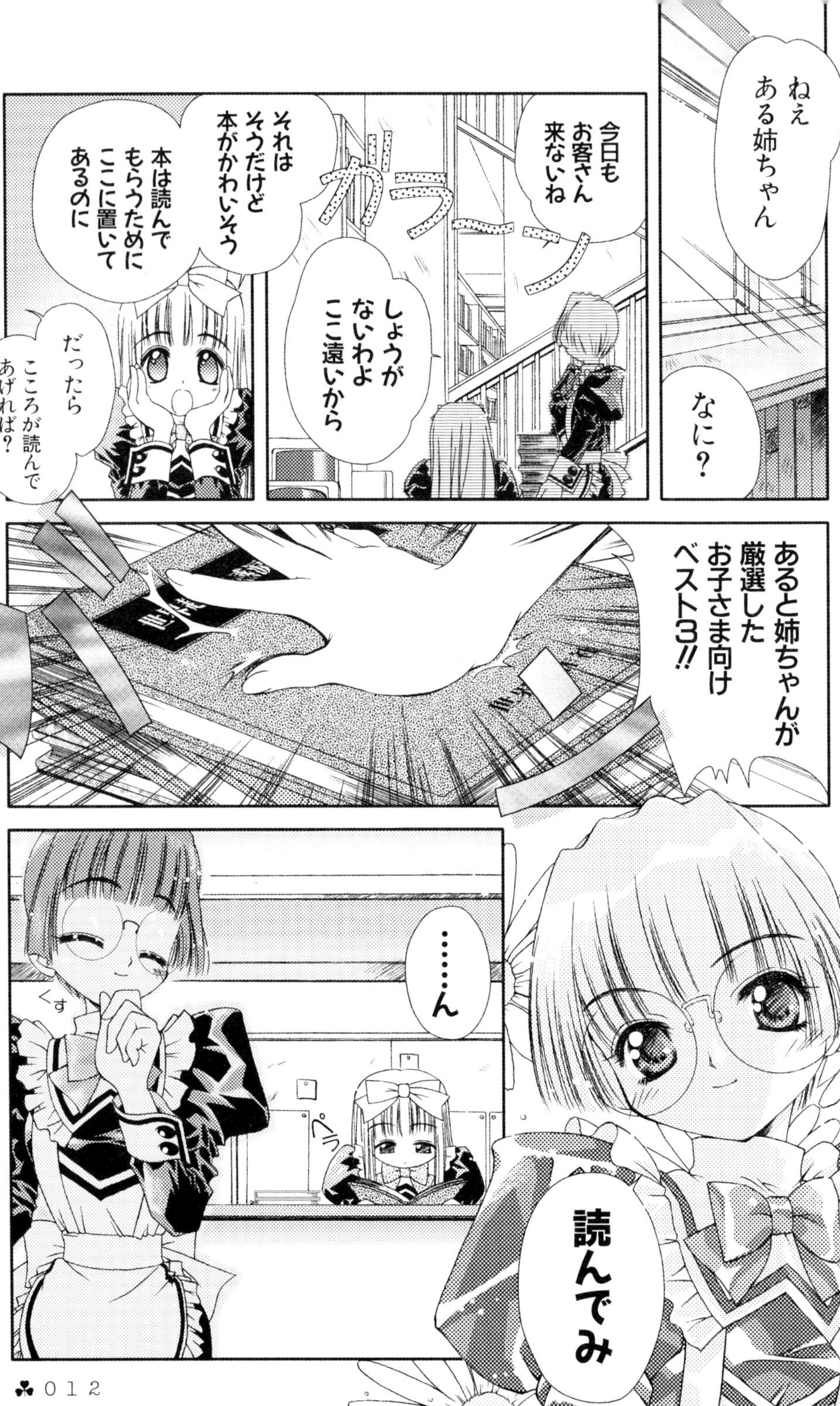
ねえ ある姉ちゃん
なに？
今日もお客さん来ないね
がらーーン
しょうがないわよ ここ遠いから
それはそうだけど 本がかわいそう
本は読んでもらうために ここに置いてあるのに
だったら
こころが読んで あげれば？
あると姉ちゃんが厳選した お子さま向けベスト3!!
読んでみ
……ん
ぺら
くす

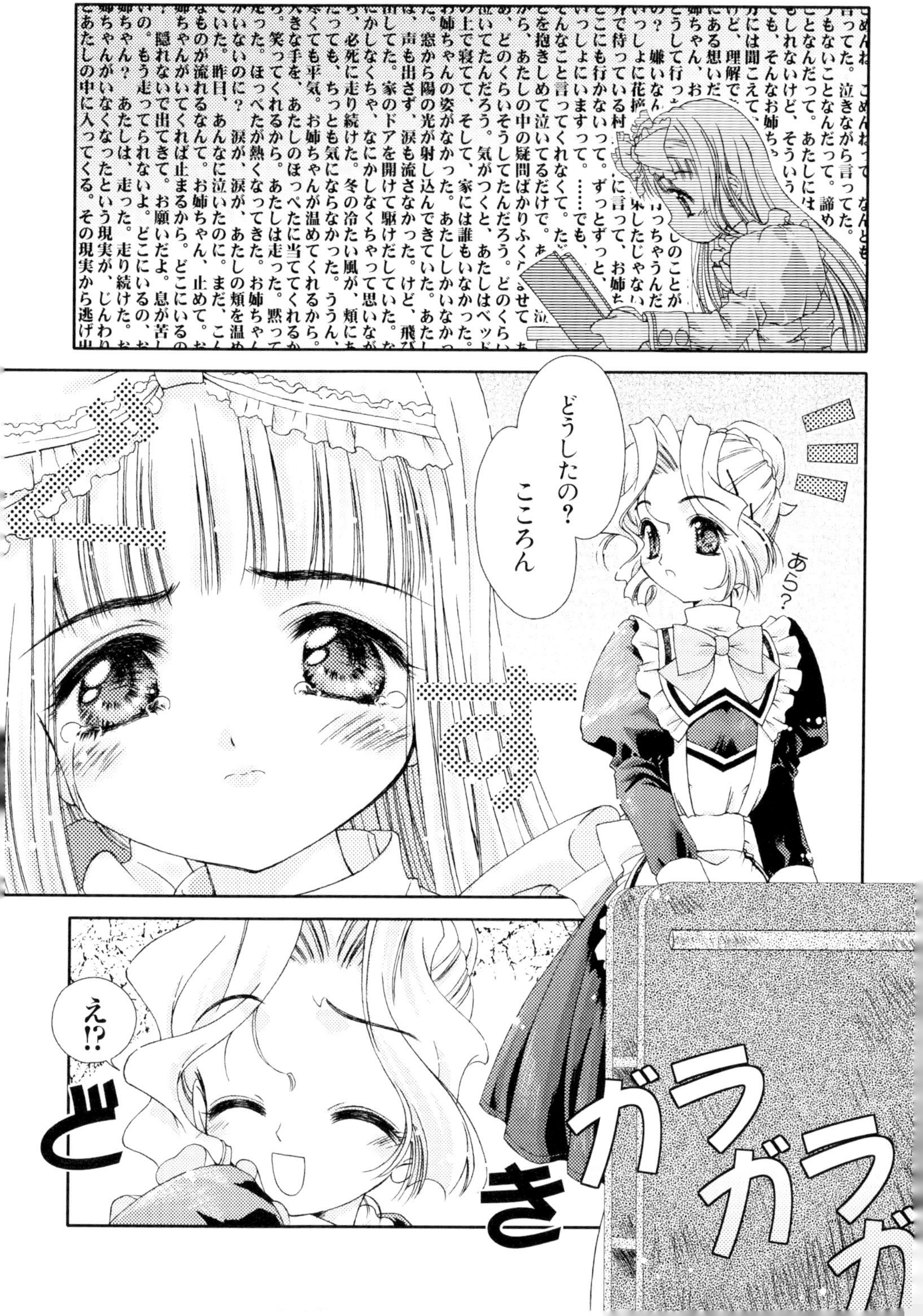
めんねってなんとも
言ってた。泣きながら言ってた。
もないことなんだって。諦め
ことなんだって。あたしには
しれないけど、そういう
も、そんなお姉ち
には聞こえて、
けど、理解で
にある想いだ
姉ちゃん、お
どうして行っ
の？ 嫌いなん
しのことが
いっしょに花摘
っちゃうんだ
所で待っている村
束したじゃない
どこにも行かないって。
に言って、お姉ち
いっしょにいますって。ずっとずっと、
そんなこと言ってくれなくて。……でも、
とを抱きしめて泣いてるだけで。ただ
から、あたしの中の疑問ばかりふくらませて
あ、どのくらいそうしてたんだろう。どのくらい
泣いてたんだろう。気がつくと、あたしはベッド
の上で寝てて、そして、家には誰もいなかった。
お姉ちゃんの姿がなかった。あたししかいなかっ
た。窓から陽の光が射し込んできていた。あたし
は、声も出さず、涙も流さなかった。けど、飛び
出してた。家のドアを開けて駆けだしていた。な
にかしなくちゃ、なにかしなくちゃって思いなが
ら、必死に走り続けた。冬の冷たい風が、頬にあ
たっても、ちっとも気にならなかった。ううん、
くても平気。お姉ちゃんが温めてくれるから。
大きな手を、あたしのほっぺたに当ててくれるか
ら。笑ってくれるから。あたしは走った。黙って
走った。ほっぺたが熱くなってきた。お姉ちゃん
がいないのに？ 涙が、涙が、あたしの頬を温め
ていた。昨日、あんなに泣いたのに。まだ、こん
なものが流れるなんて。お姉ちゃん、止めて。お
姉ちゃんがいてくれれば止まるから。どこにいるの
隠れないで出てきて。お願いだよ。息が苦し
いの。もう走ってられないよ。どこにいるの、お
姉ちゃん？ あたしは、走った。走り続けた。お
姉ちゃんがいなくなったという現実が、じんわり
とあたしの中に入ってくる。その現実から逃げ
あら？
どうしたの？ こころん
がらがらが
どき
え⁉

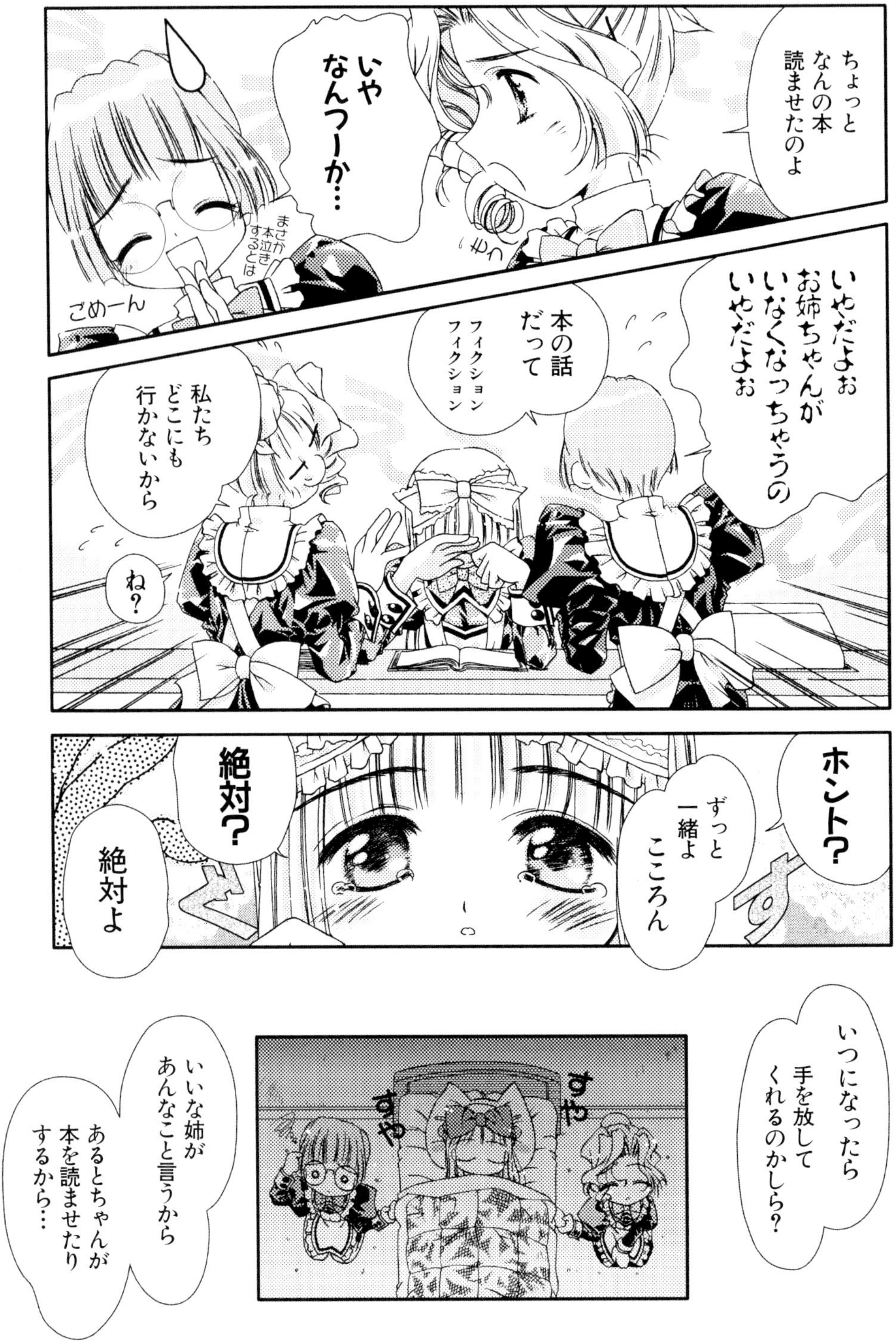
ちょっと
なんの本
読ませたのよ
いや
なんつーか…
まさか本泣きするとは
ごめーん
いやだよぉ
お姉ちゃんが
いなくなっちゃうの
いやだよぉ
本の話
だって
フィクション
フィクション
私たち
どこにも
行かないから
ね?
ホント?
ずっと
一緒よ
こころん
絶対?
絶対よ
いつになったら
手を放して
くれるのかしら?
すや
すや
いいな姉が
あんなこと言うから
あるとちゃんが
本を読ませたり
するから…

KOKORO LIBRARY

KoKoSho Perfection

kokoro

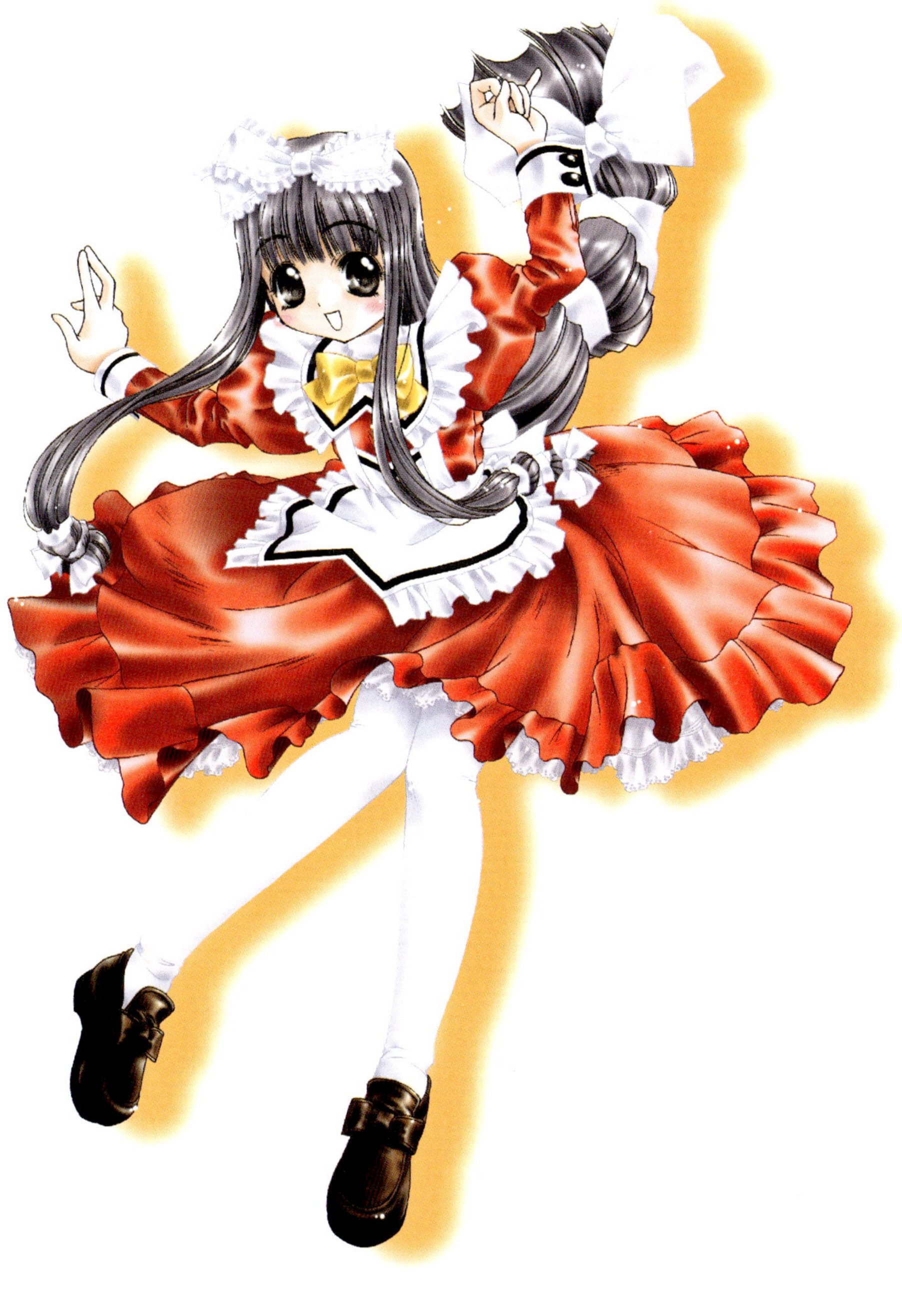

第3話

「a tea break」

「午後の紅茶とフォークといいな」

第4話

「book stair」

「一人でお仕事」

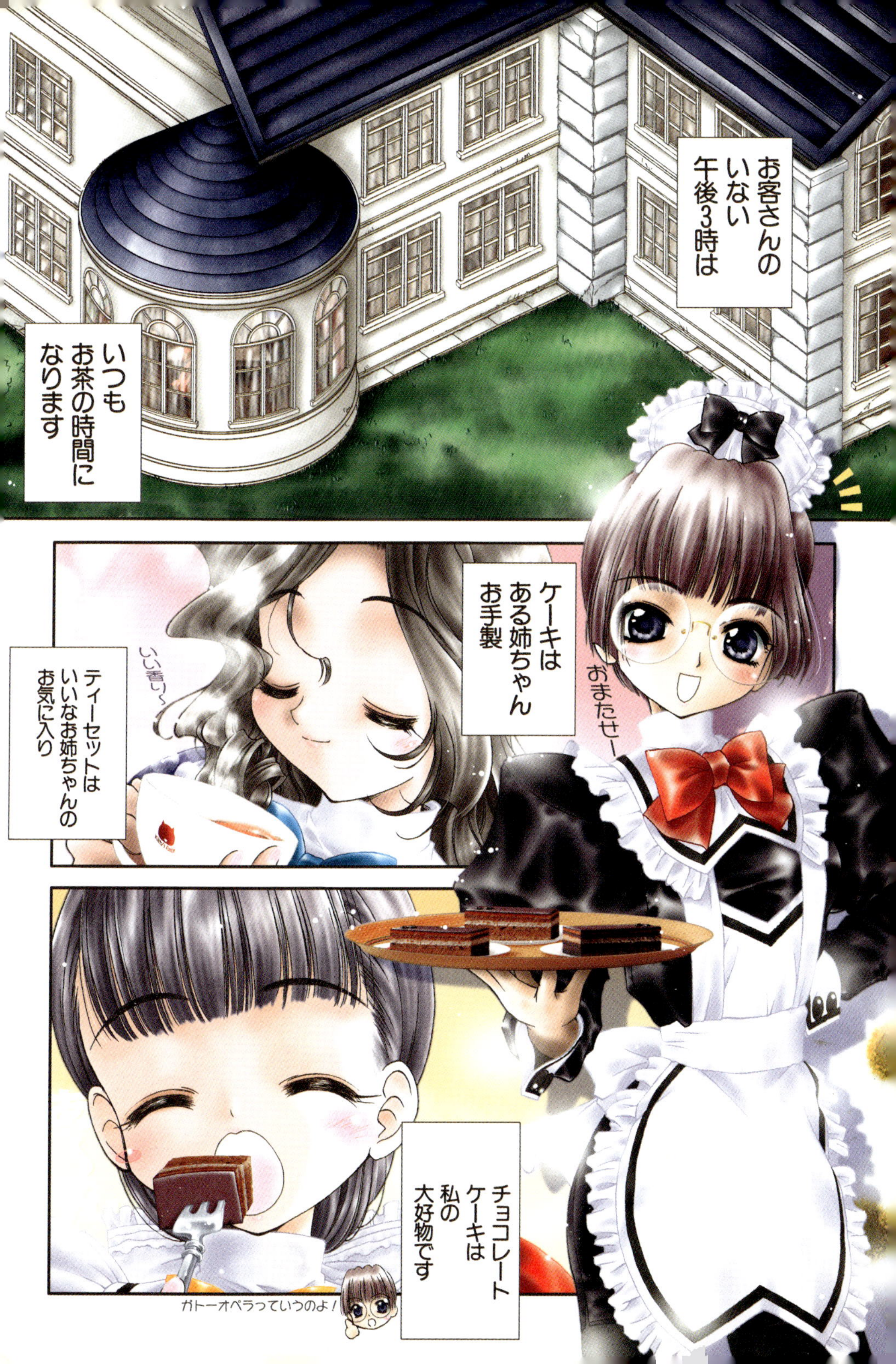

お客さんの
いない
午後3時は
いつも
お茶の時間に
なります
ケーキは
ある姉ちゃん
お手製
おまたせー
いい香り〜
ティーセットは
いいなお姉ちゃんの
お気に入り
チョコレート
ケーキは
私の
大好物です
ガトーオペラっていうのよ！

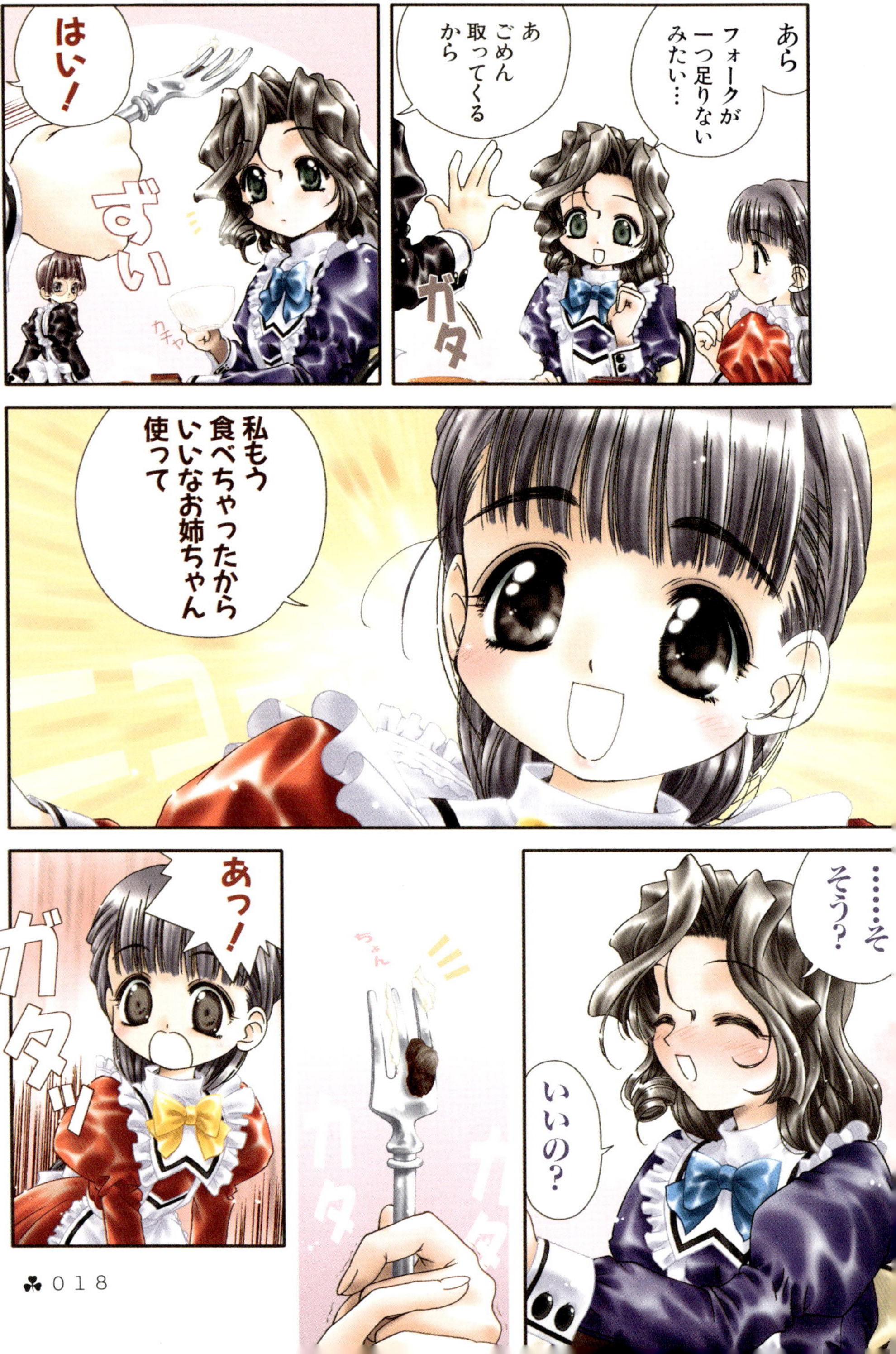
あら
フォークが
一つ足りない
みたい…
あ
ごめん
取ってくる
から
ガタ
はい！
ずい
カチャ
私もう
食べちゃったから
いいなお姉ちゃん
使って
……そ
そう？
いいの？
ちょん
カタ
カタ
あっ！
ガタッ

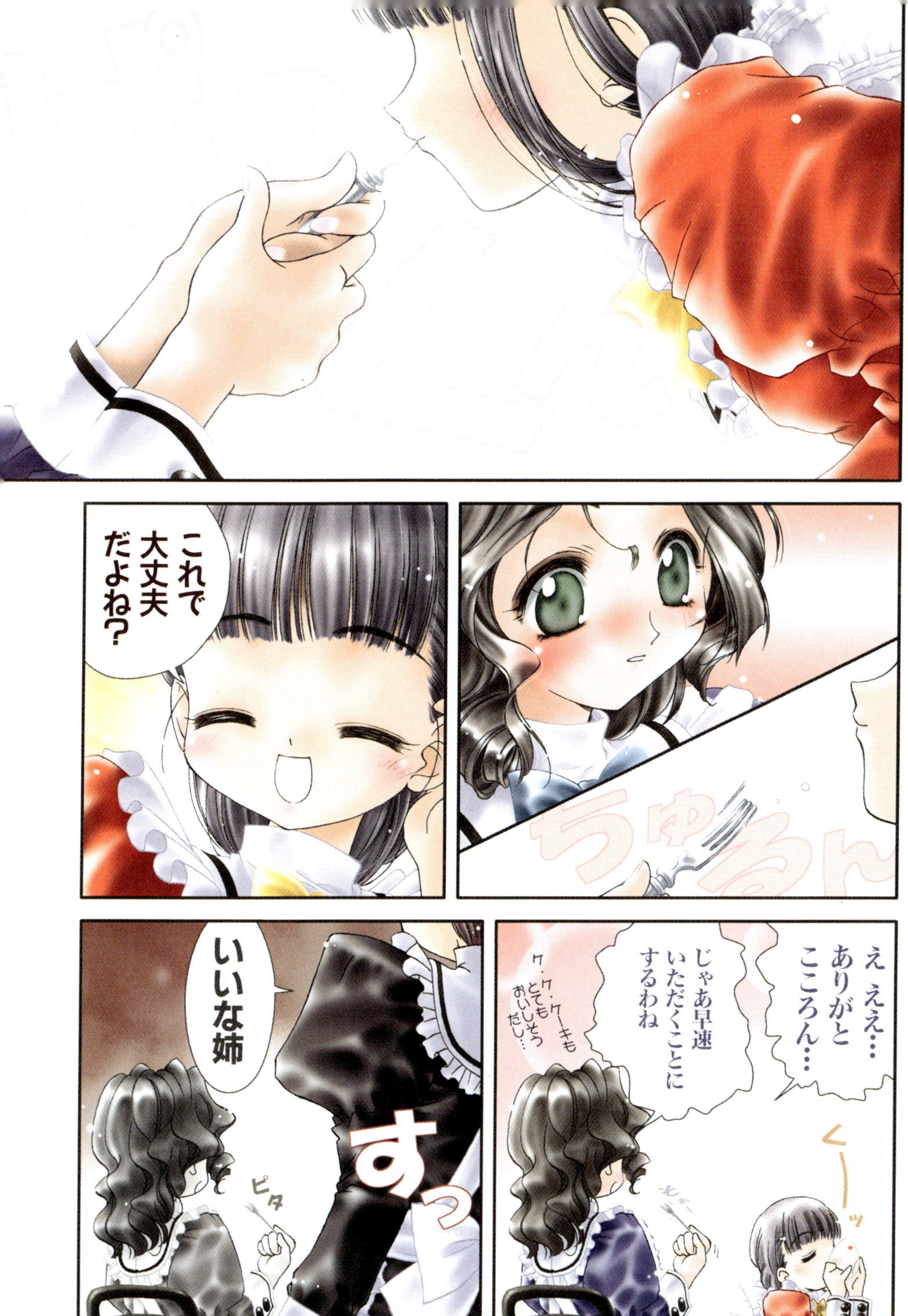
ちゅるん
これで大丈夫だよね？
ええ…ありがとこころん…
じゃあ早速いただくことにするわね
ケ・ケ・ケーキもとてもおいしそうだし…
くーーッ
いいな姉
すっ
ピタ

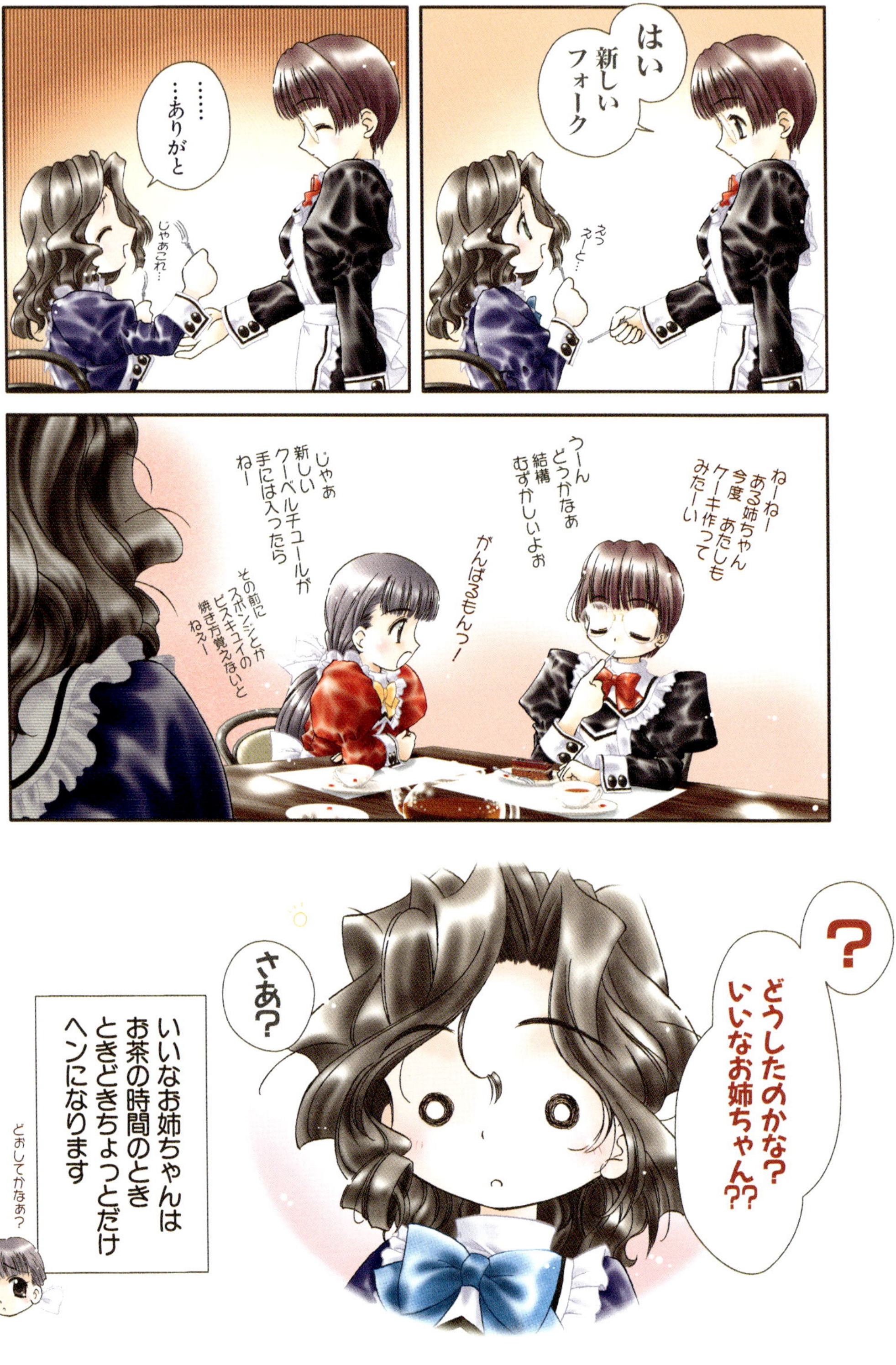
はい 新しい フォーク
さっ えーと…
…… …ありがと
じゃあこれ…
ねーねー ある姉ちゃん 今度 あたしも ケーキ作って みたーい
うーん どうかなぁ 結構 むずかしいよぉ
がんばるもんっ!
じゃぁ 新しい クーベルチュールが 手には入ったら ねー
その前に スポンジとか ビスキュイの 焼き方覚えないと ねぇー
？
どうしたのかな? いいなお姉ちゃん??
さあ?
いいなお姉ちゃんは お茶の時間のとき ときどきちょっとだけ ヘンになります
どおしてかなぁ?

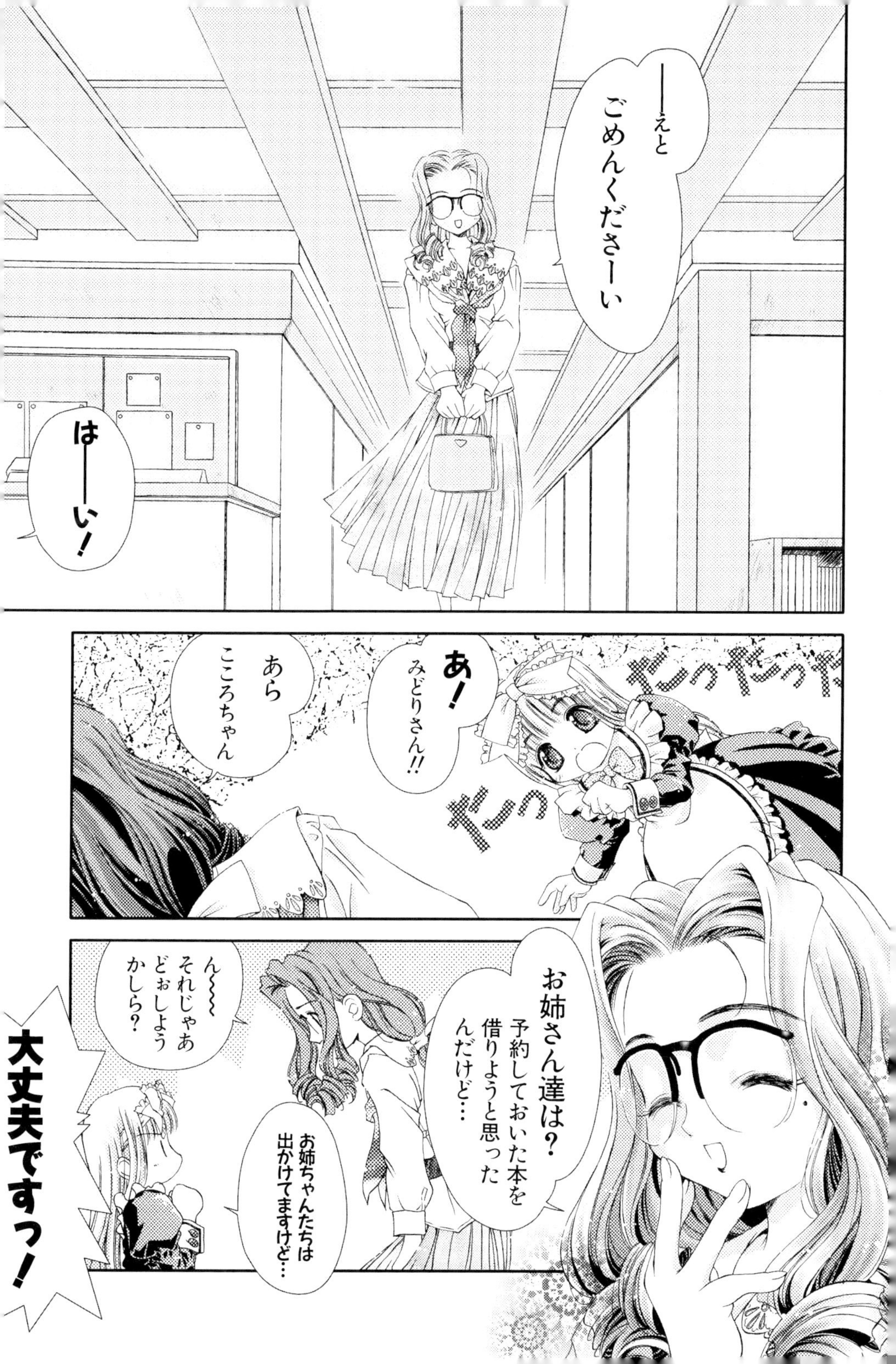
――えと
ごめんくださーい
は――い！
ぱたぱた
あ！
みどりさん!!
あら
こころちゃん
お姉さん達は？
予約しておいた本を借りようと思ったんだけど…
お姉ちゃんたちは出かけてますけど…
ん～～
それじゃあ
どぉしよう
かしら？
大丈夫ですっ！

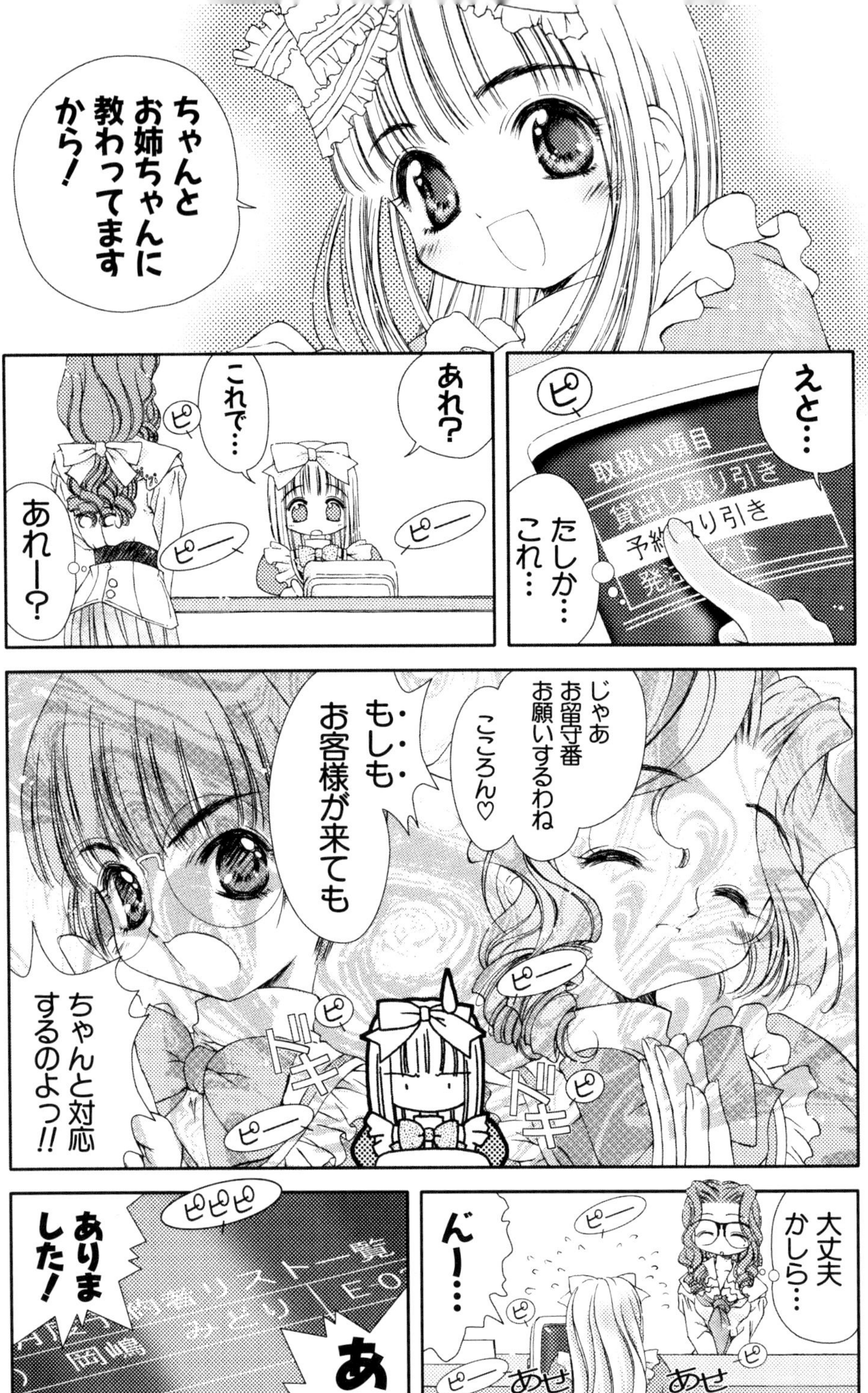
ちゃんとお姉ちゃんに教わってますから!
えと…
ピ
取扱い項目
貸出し取り引き
たしか…これ…
あれ?
これで…
ピ
ピーー
ピーー
あれーー?
じゃあお留守番お願いするわねこころん♡
も・・・もしもお客様が来ても
ちゃんと対応するのよっ!!
ピーー
ピ
ピ
ピーー
ドキドキ
大丈夫かしら…
ピーー
んー…
ピ
ピ
ピー
あせ
あせ
ピピピ
ありました!
岡嶋
みどり
あ

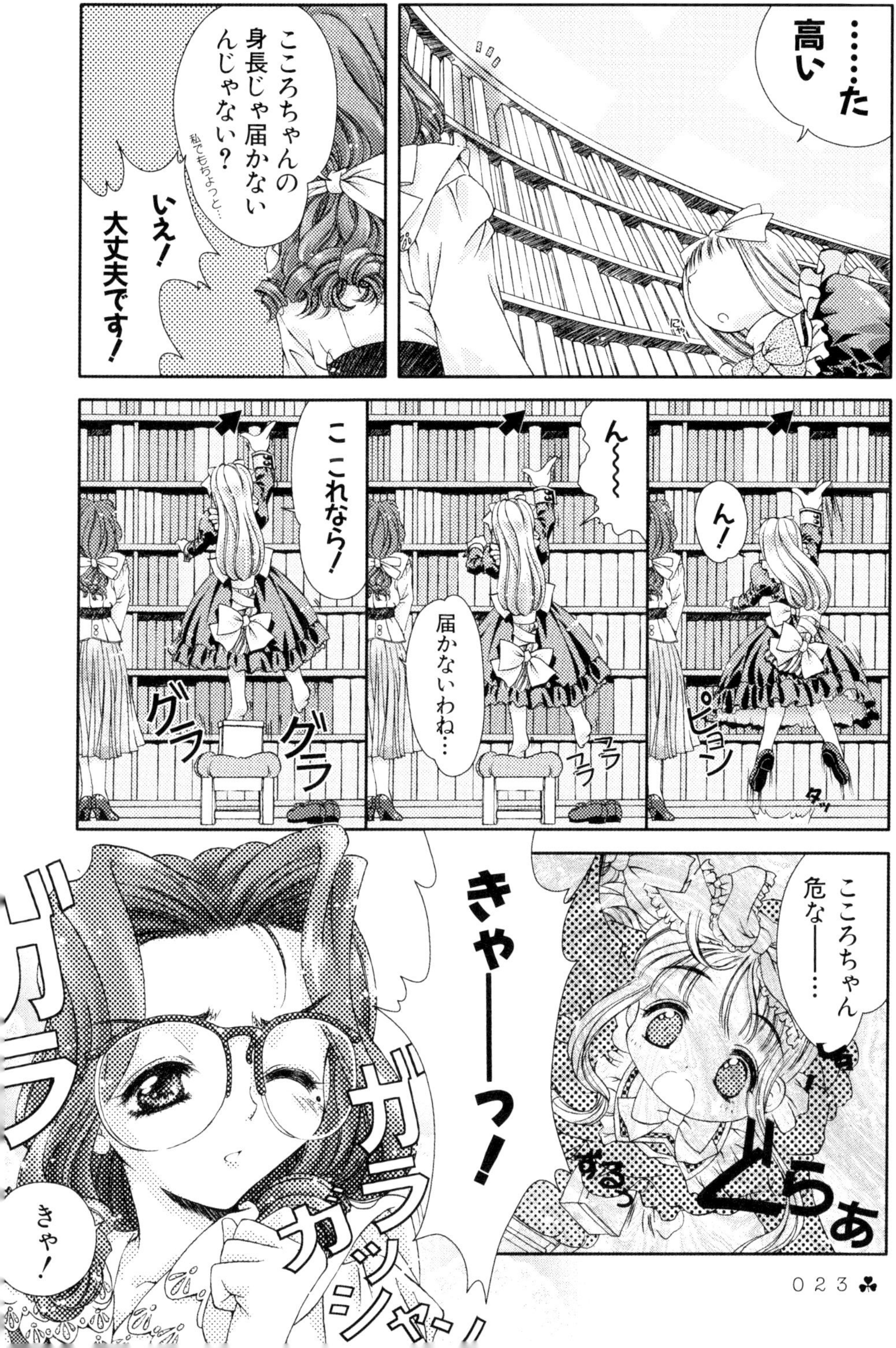

……た高い
こころちゃんの身長じゃ届かないんじゃない？
私でもちょっと…
いえ！大丈夫です！
ん！
ピョン
ん〜〜〜
届かないわね…
フラ フラ
こ これなら！
グラ グラ
こころちゃん危な――…
ずるっ
ぐらぁ
きゃー―っ！
ガラ ガラ ガシャーン！
きゃ！

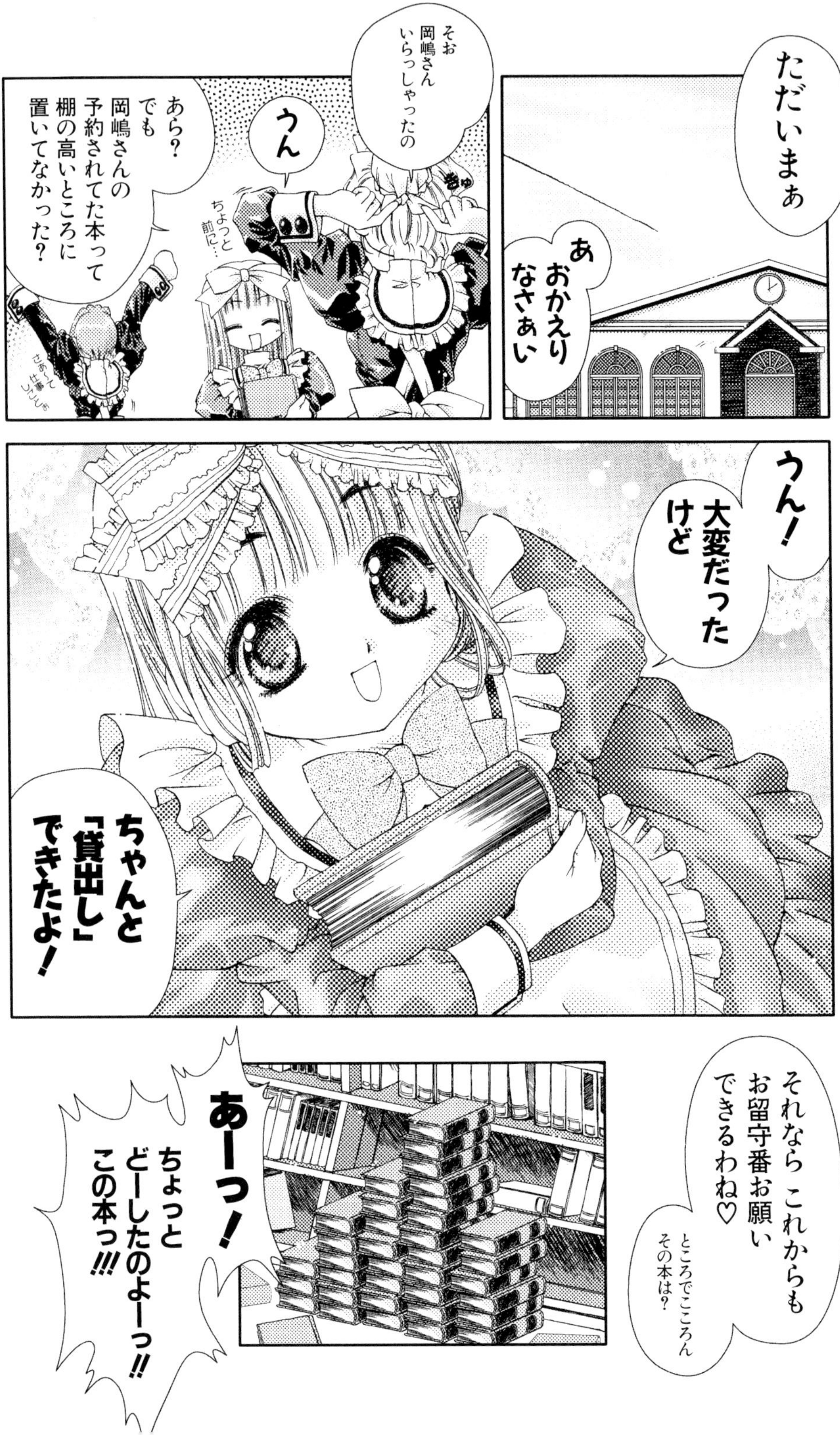
ただいまぁ
あ おかえりなさぁい
そお 岡嶋さんいらっしゃったの
きゅ
うん
ちょっと前に…
あら？ でも 岡嶋さんの予約されてた本って 棚の高いところに置いてなかった？
さあ～て仕事しごとぉ
うん！ 大変だったけど
ちゃんと「貸出し」できたよ！
それなら これからもお留守番お願いできるわね♡
ところでこころん その本は？
あーっ！
ちょっと どーしたのよーっ!! この本っ!!!

KOKORO LIBRARY

KoKoSho Perfection

kokoro

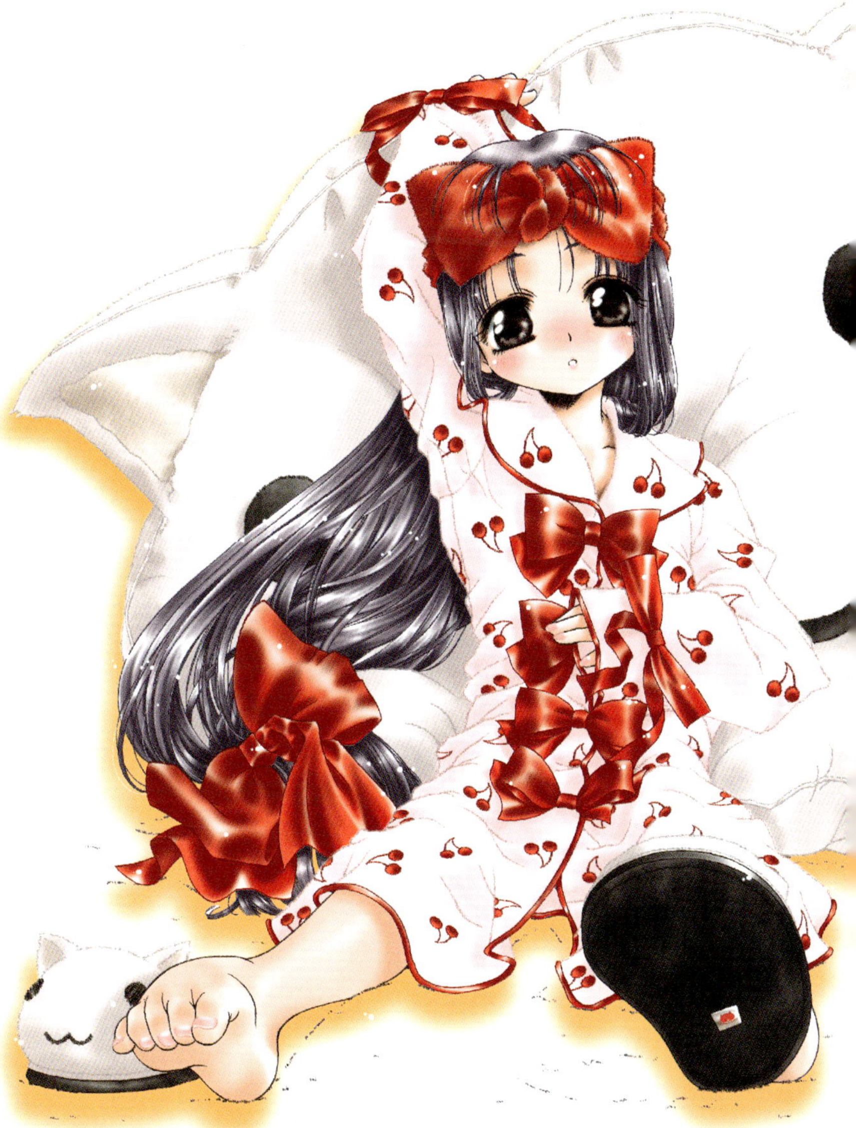

第5話

「KOKORO' s specialty」

「虹」

第6話

「funcy books & a funcy cat」

「こころの一番ほしいもの」

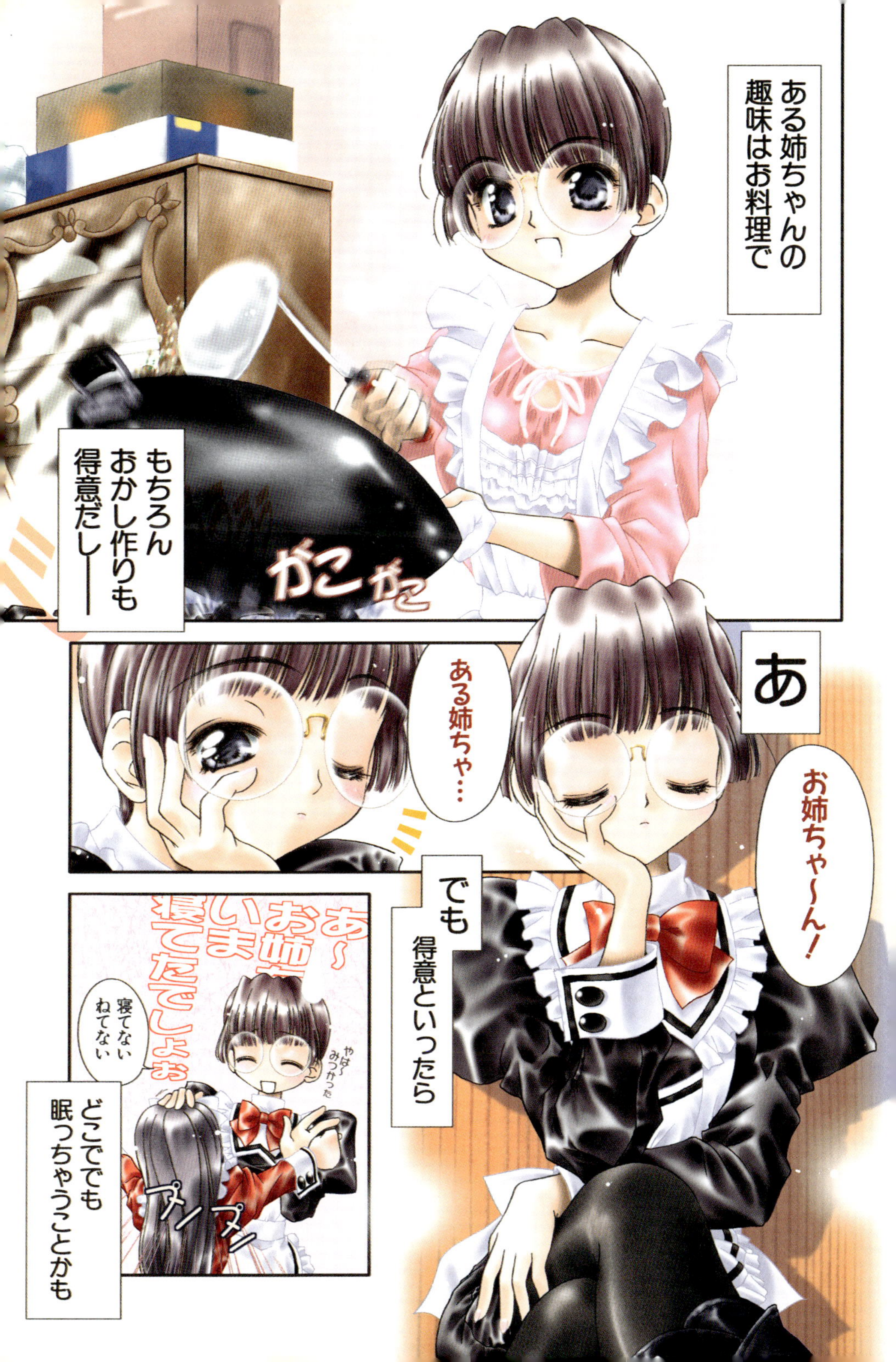
ある姉ちゃんの
趣味はお料理で
もちろん
おかし作りも
得意だしーー
がこがこ
あ
お姉ちゃ～ん!
ある姉ちゃ…
でも
得意といったら
あ～
いま
寝てたでしょぉ
やば～みつかった
寝てない
ねてない
どこででも
眠っちゃうことかも

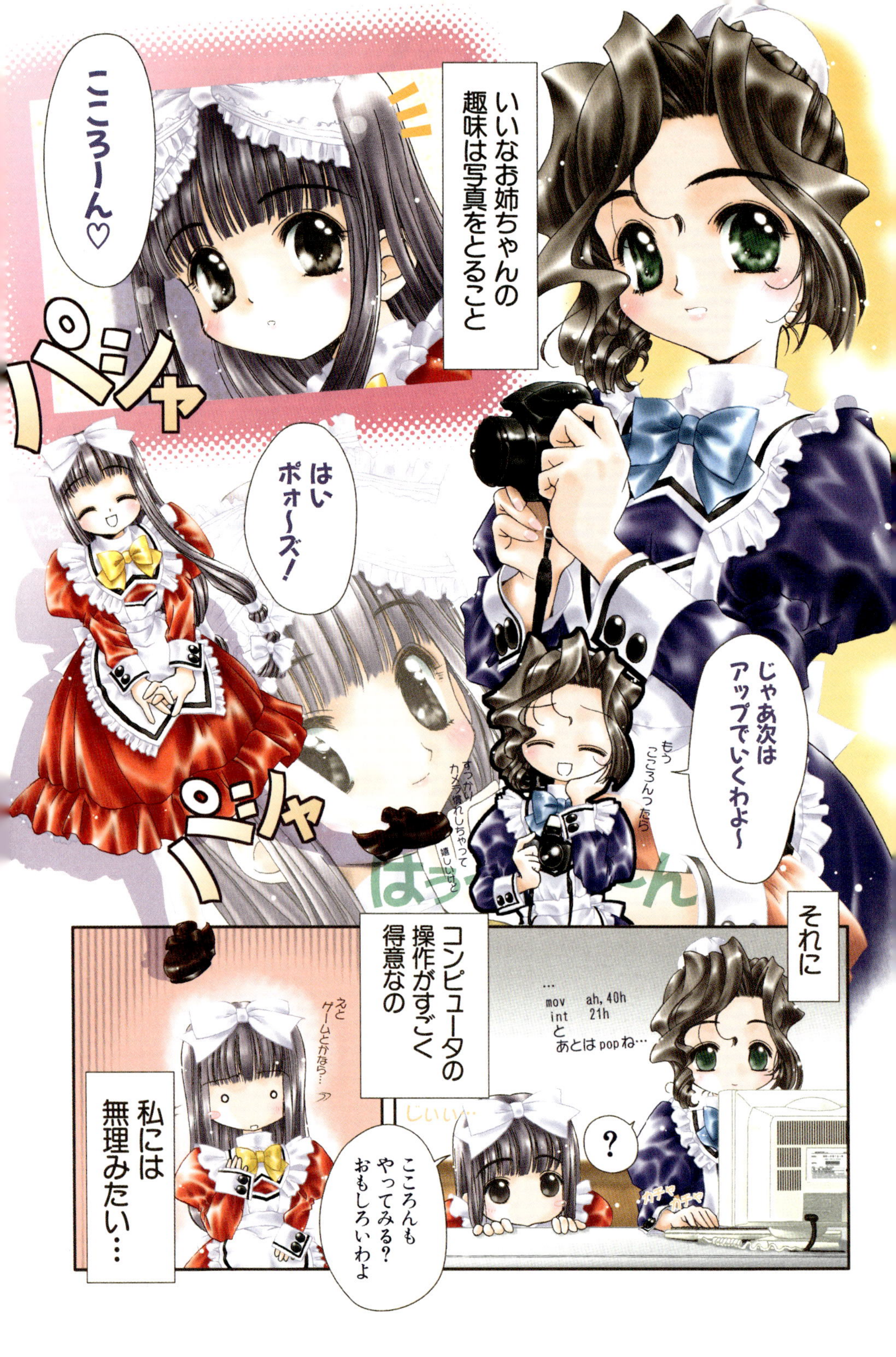
いいなお姉ちゃんの趣味は写真をとること
こころーん♡
パシャ
はい ポォ〜ズ！
じゃあ次はアップでいくわよ〜
もう こころんったら
すっかりカメラ慣れしちゃって 嬉しいけど
パシャ
それに
コンピュータの操作がすごく得意なの
…
mov ah,40h
int 21h
とあとはpopね…
？
カチャカチャ
じぃぃ…
こころんもやってみる？おもしろいわよ
えと ゲームとかなら…
私には無理みたい…

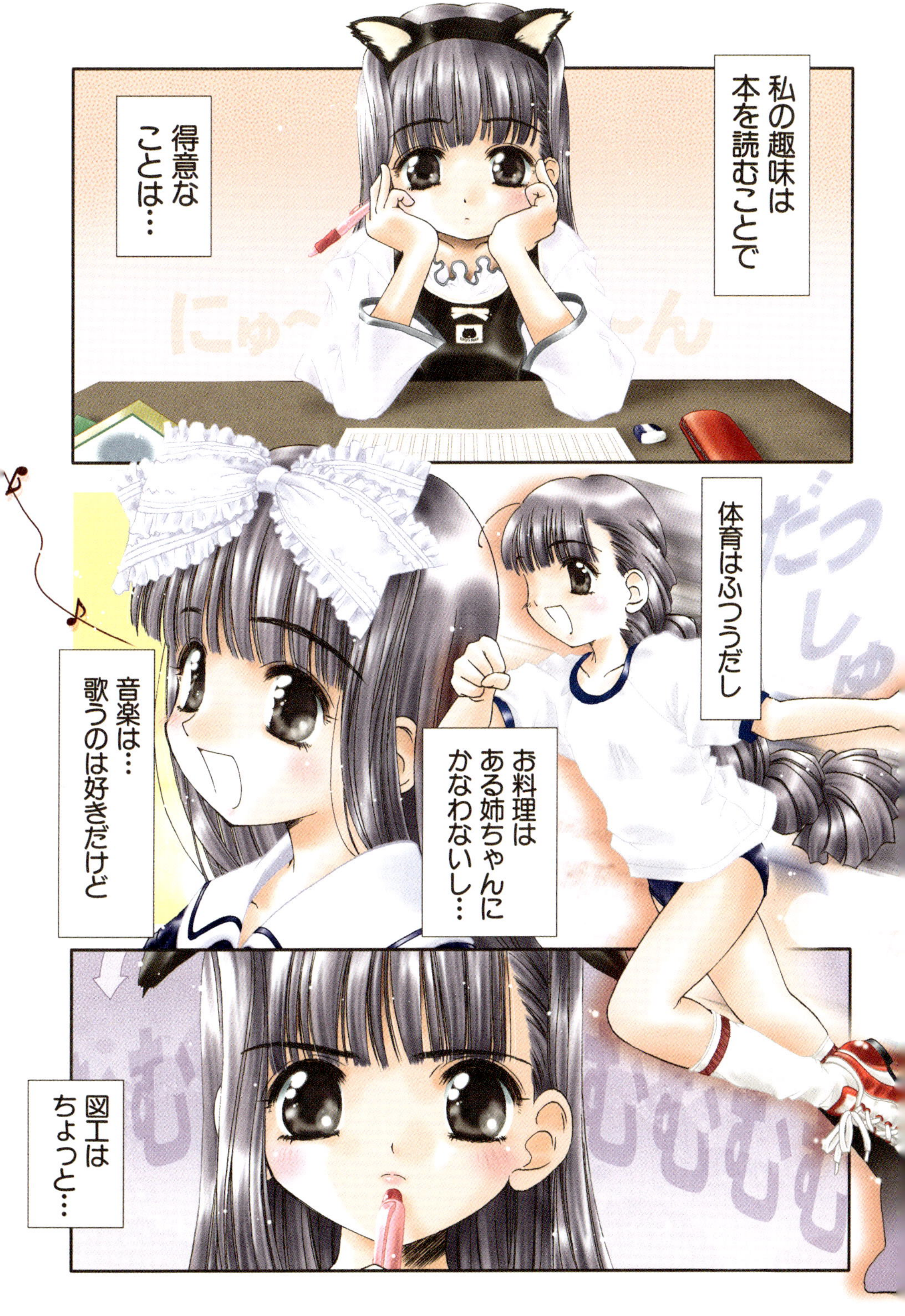
私の趣味は本を読むことで
得意なことは…
体育はふつうだし
だっしゅ
お料理はある姉ちゃんにかなわないし…
音楽は…歌うのは好きだけど
図工はちょっと…

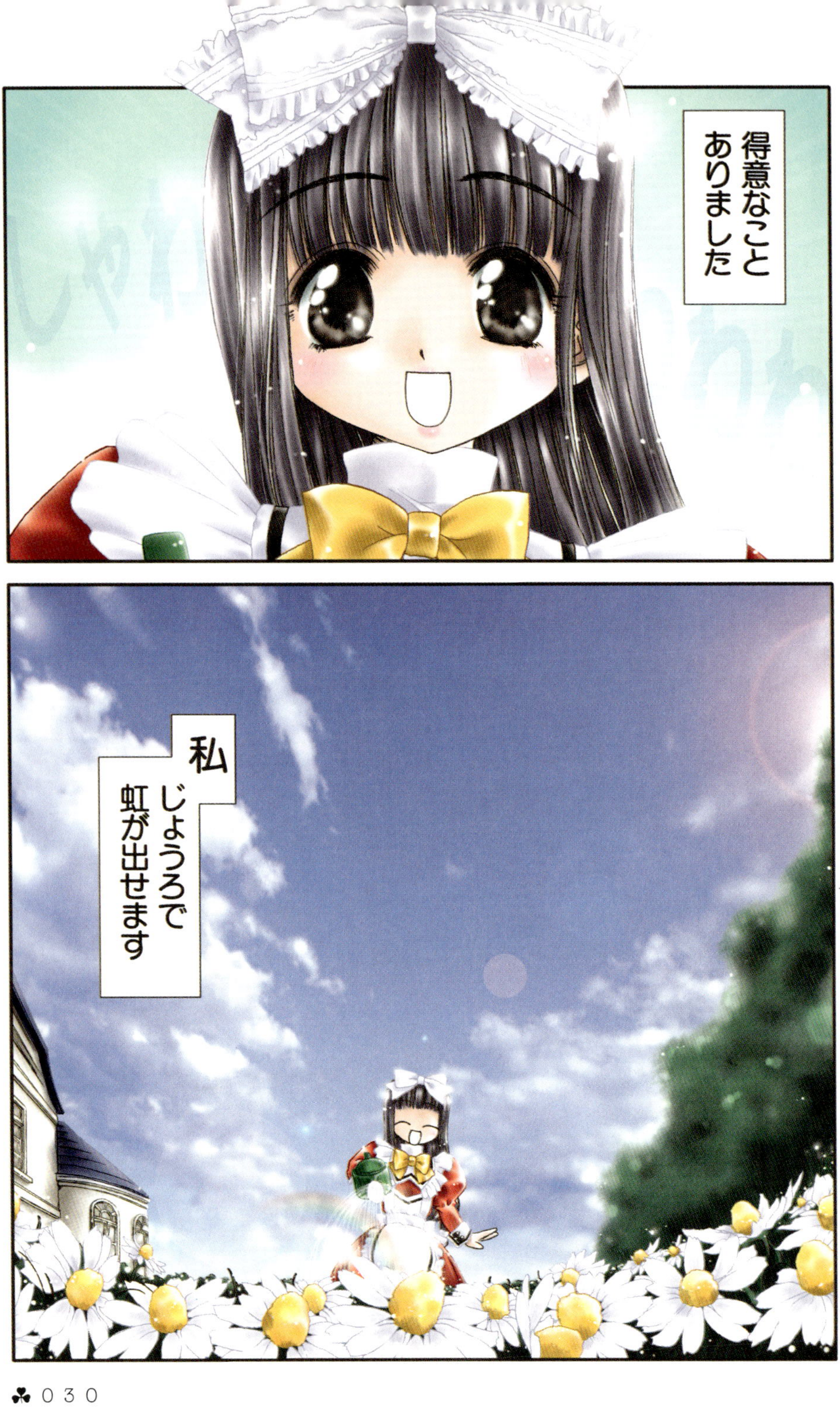
得意なこと
ありました
私
じょうろで
虹が出せます

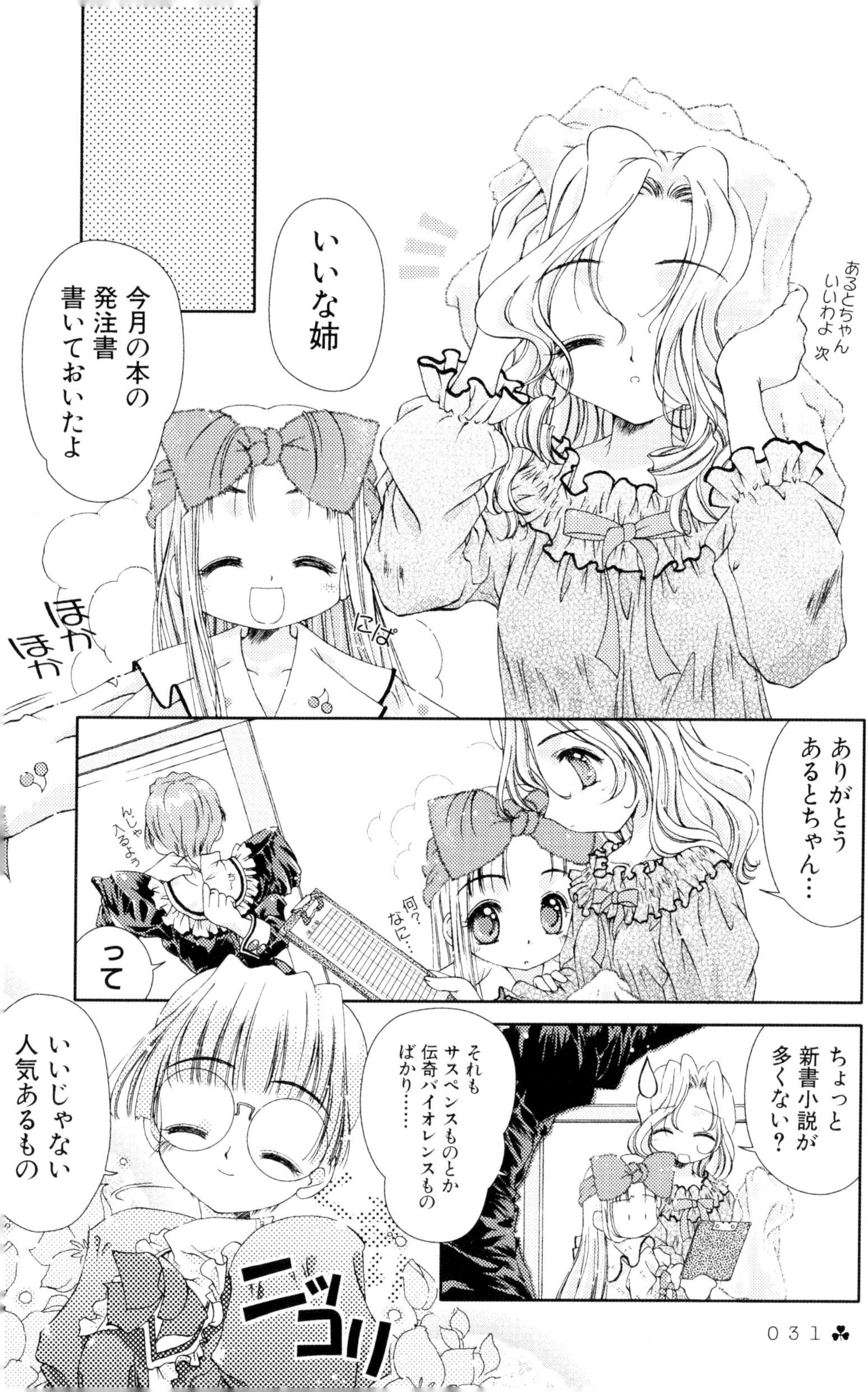

あるとちゃん いいわよ 次
いいな姉
今月の本の発注書書いておいたよ
にぱ
ほかほか
ありがとう あるとちゃん…
何？ なに…
んじゃ入るよう
って
ちょっと新書小説が多くない？
それもサスペンスものとか伝奇バイオレンスものばかり……
いいじゃない人気あるもの
ニッコリ

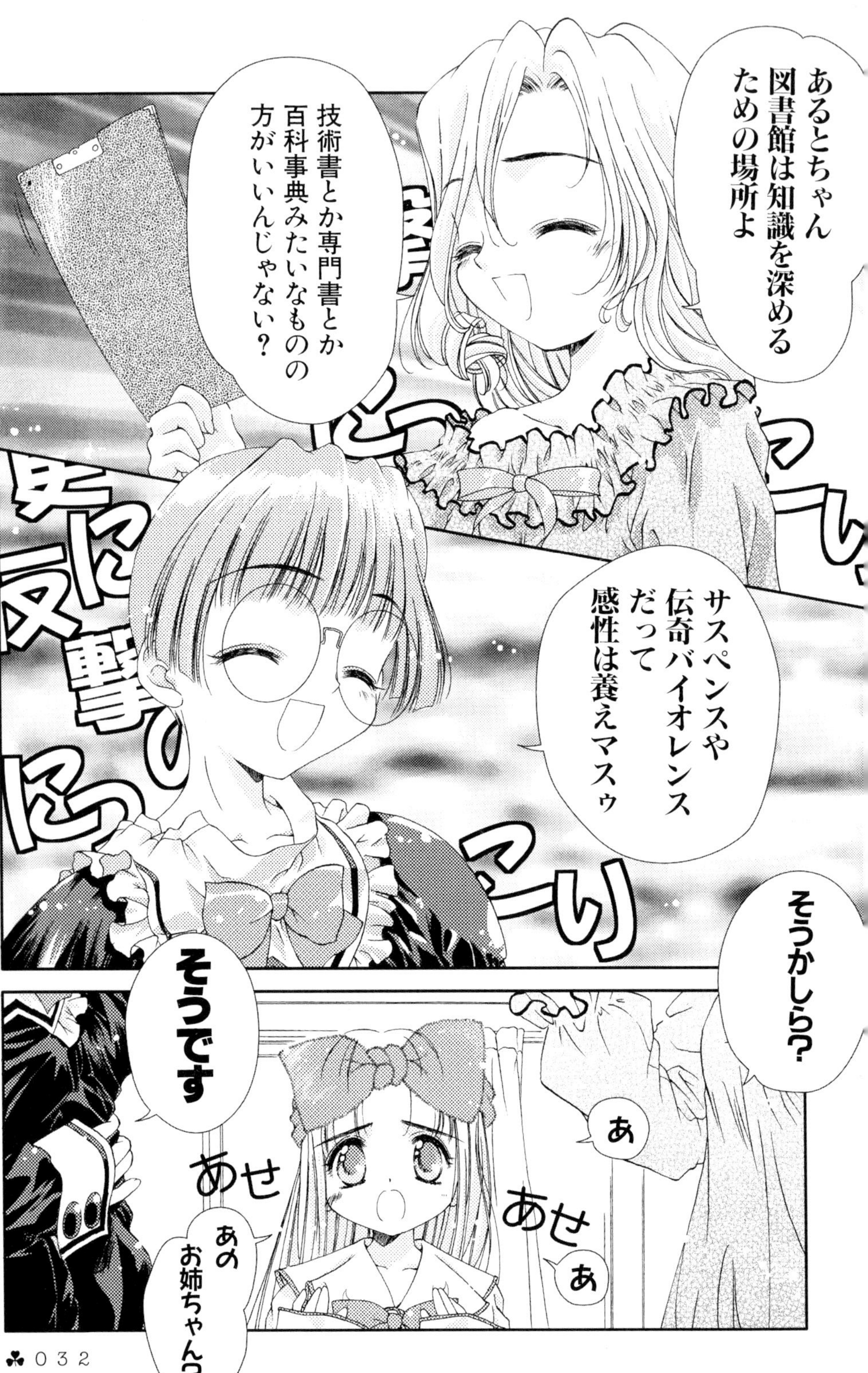
あるとちゃん図書館は知識を深めるための場所よ
技術書とか専門書とか百科事典みたいなものの方がいいんじゃない？
サスペンスや伝奇バイオレンスだって感性は養えマスゥ
そうかしら？
そうです
あ
あせ
あせ
あ
あのお姉ちゃん？

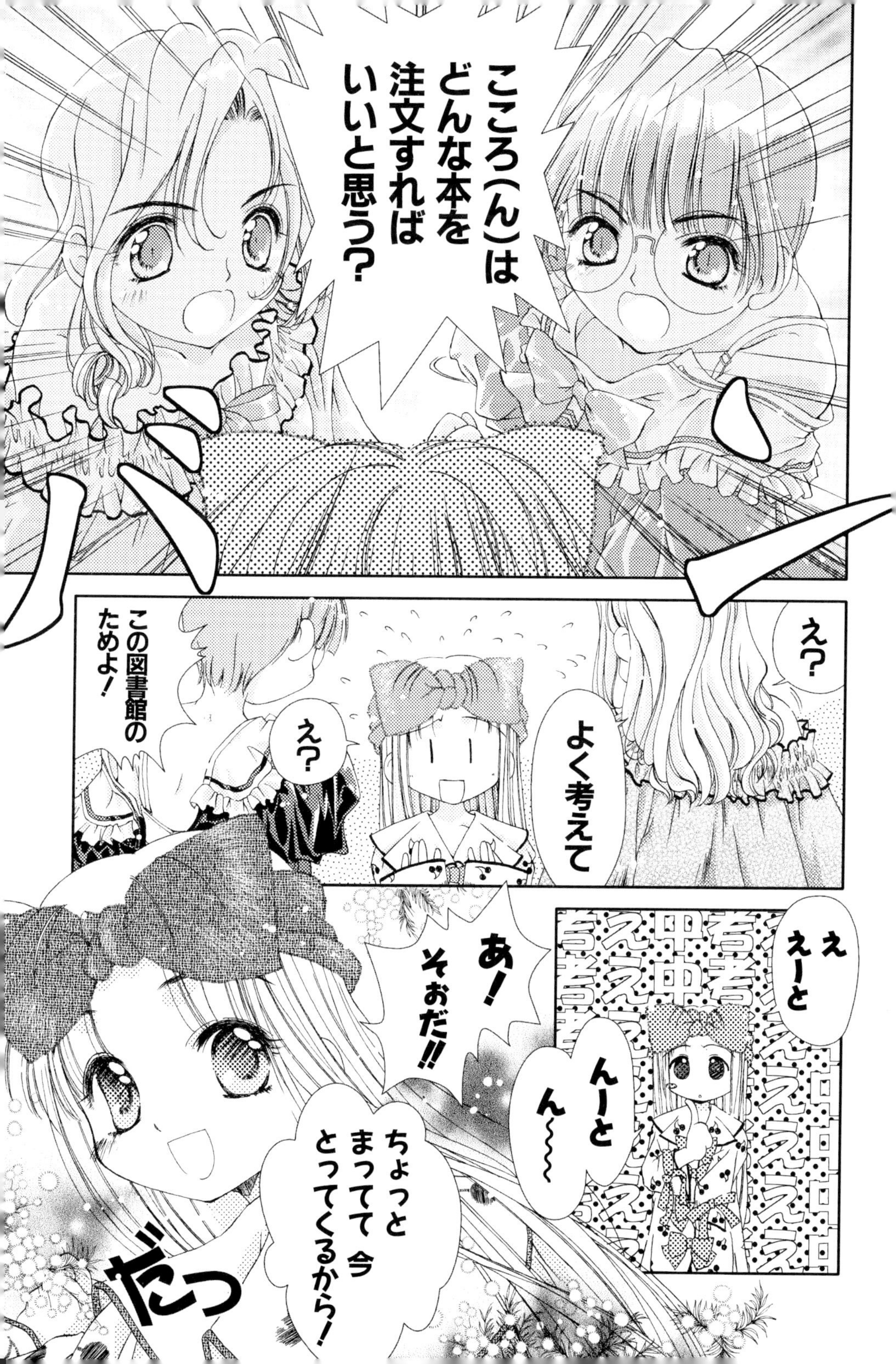
こころ(ん)はどんな本を注文すればいいと思う?
え?
よく考えて
え?
この図書館のためよ!
えーと
んーとん〜〜
あ!そぉだ!!
ちょっとまってて 今とってくるから!
だっ

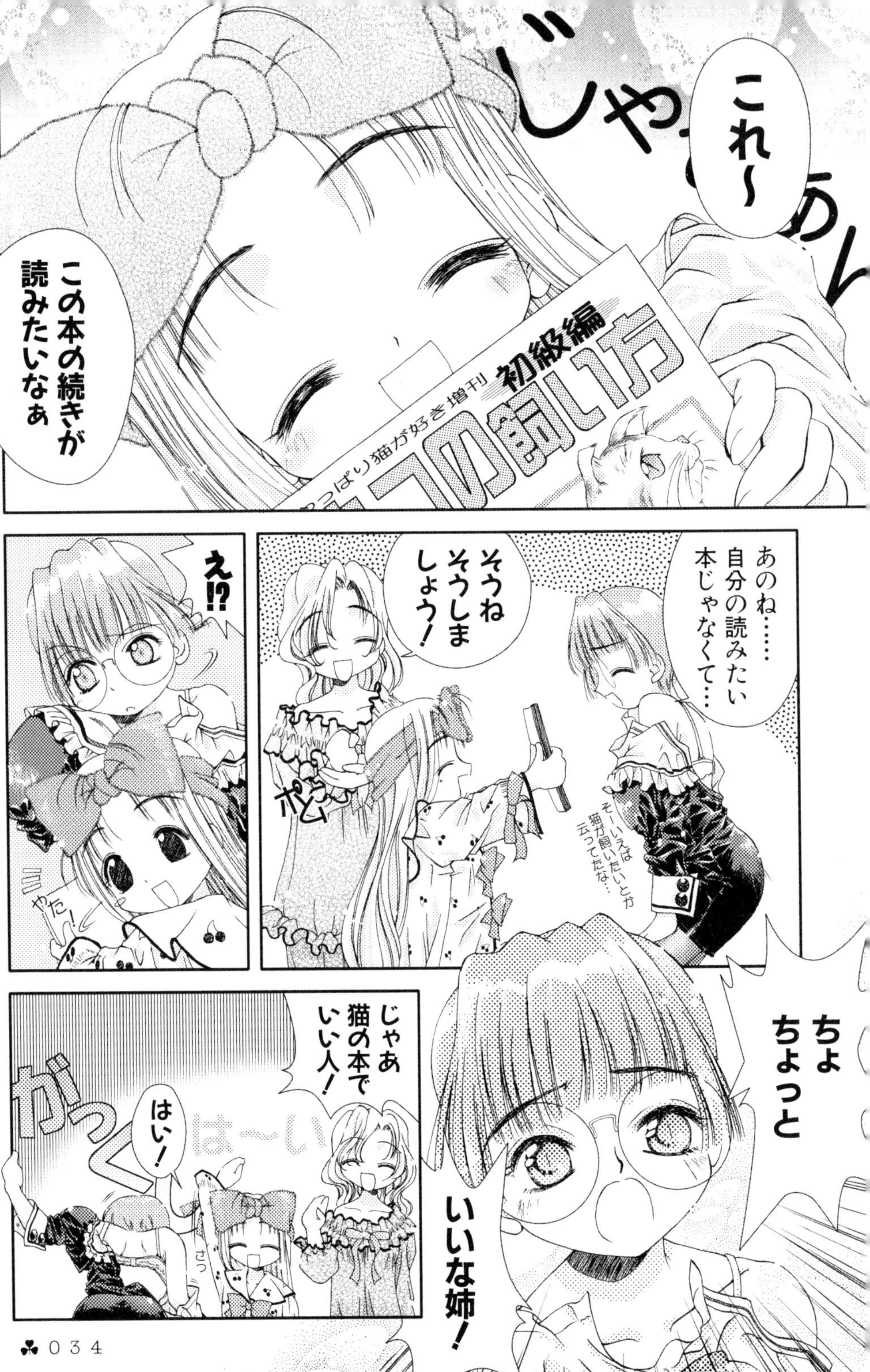
これ〜
この本の続きが読みたいなぁ
やっぱり猫が好き増刊
初級編
の飼い方
あのね……自分の読みたい本じゃなくて……
そうねそうしましょう!
ポム
そーいえば猫が飼いたいとか云ってたな…
え!?
やた!
ちょちょっと
いいな姉!
じゃあ猫の本でいい人!
はい!
は〜い
がっく
さっ

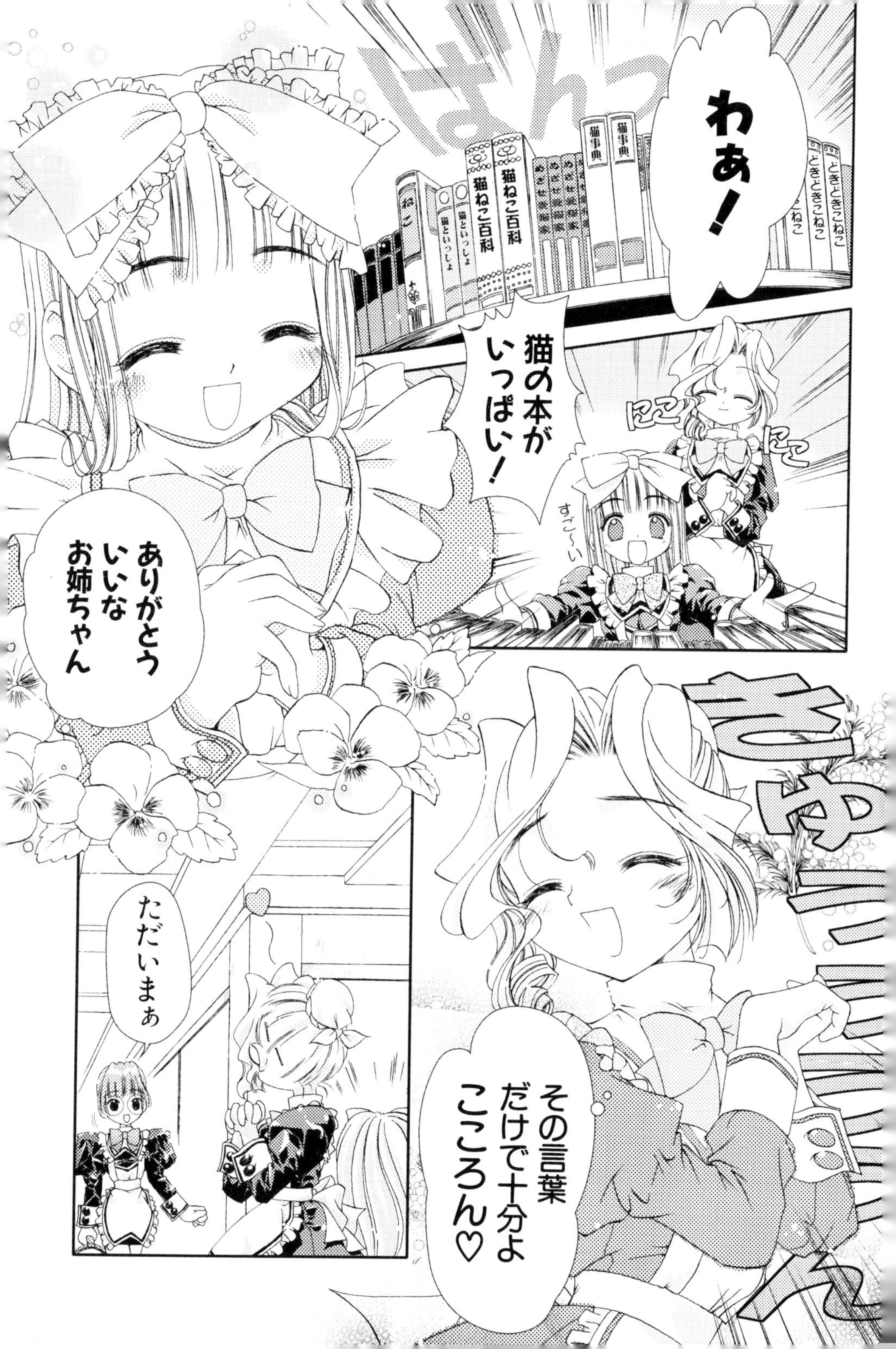
わぁ!
猫事典
猫ねこ百科
猫といっしょ
どきどきこねこ
猫の本がいっぱい!
にこ にこ
すご～い
ありがとう いいな お姉ちゃん
その言葉だけで十分よ こころん♡
ただいまぁ

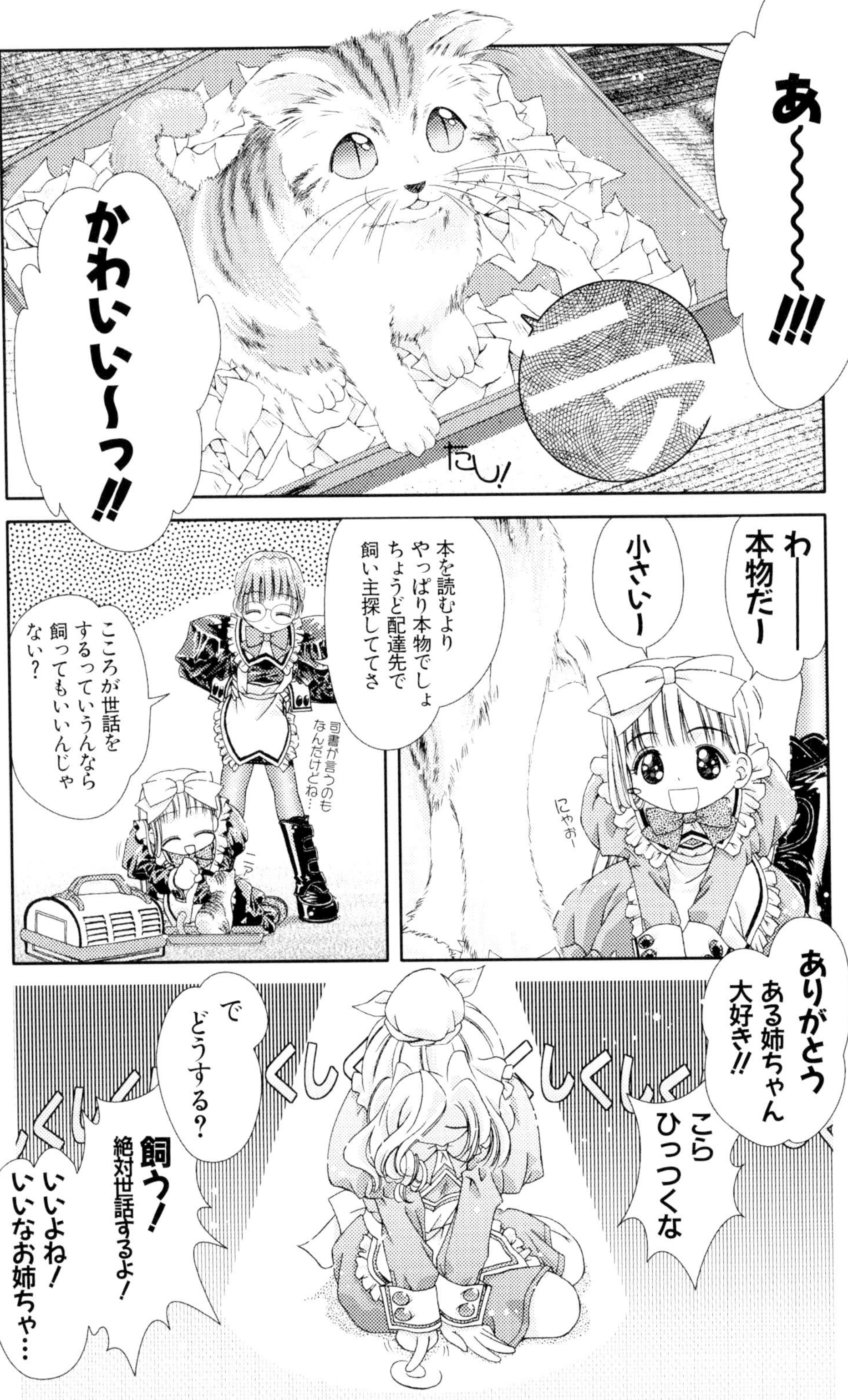

あ〜〜〜〜!!!
ニァ
たし!
かわいい〜っ!!
わ――― 本物だー
小さいー
にゃお〜
本を読むより やっぱり本物でしょ ちょうど配達先で 飼い主探しててさ
司書が言うのも なんだけどね…
こころが世話を するっていうんなら 飼ってもいいんじゃ ない?
ニァ
ありがとう ある姉ちゃん 大好き!!
こら ひっつくな
で どうする?
くしくしくしくしく
飼う! 絶対世話するよ!
いいよね! いいなお姉ちゃ…

KOKORO
LIBRARY
KoKoSho Perfection
kokoro

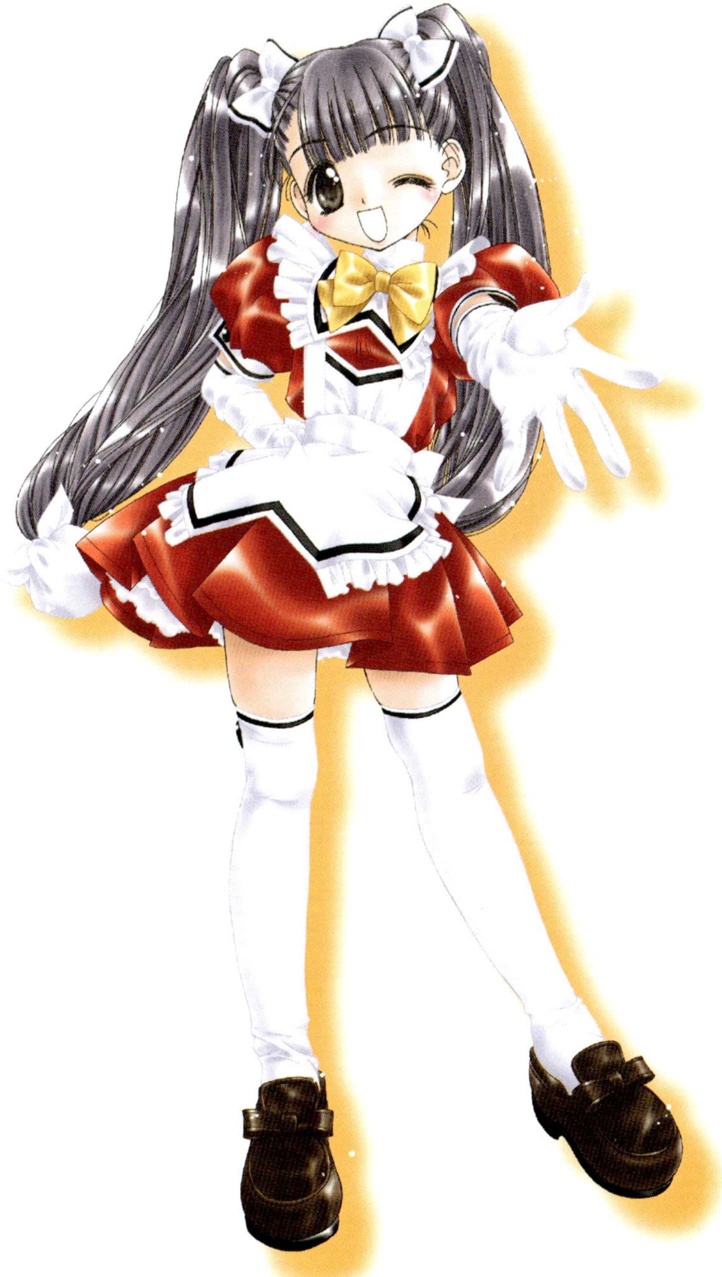

第7話

「Kodak moment」

「中庭における情景」

第8話

「IINA's room」

「いいなの想い」

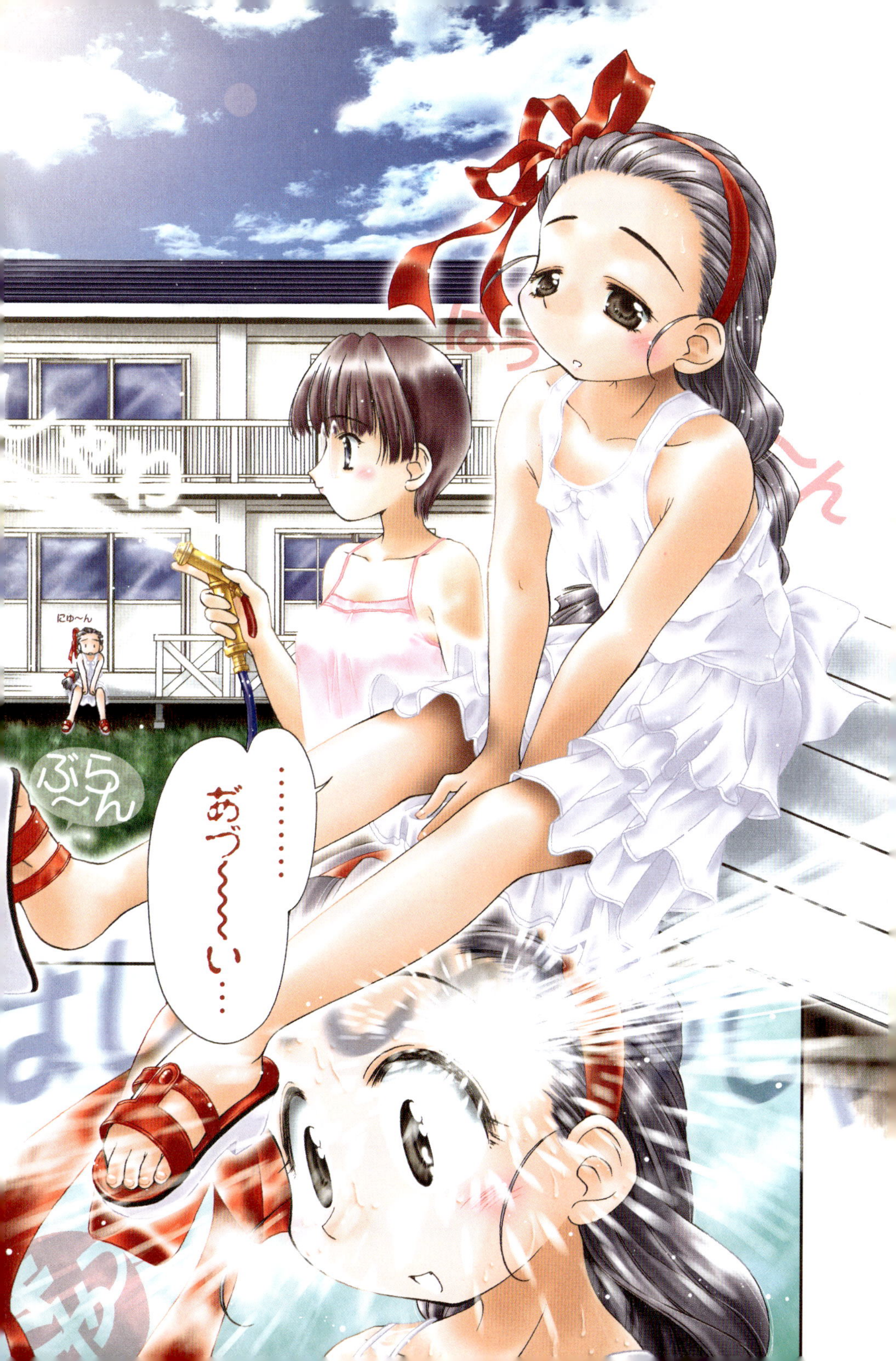
……あづ〜〜い…
ぶら〜ん
にゅ〜ん

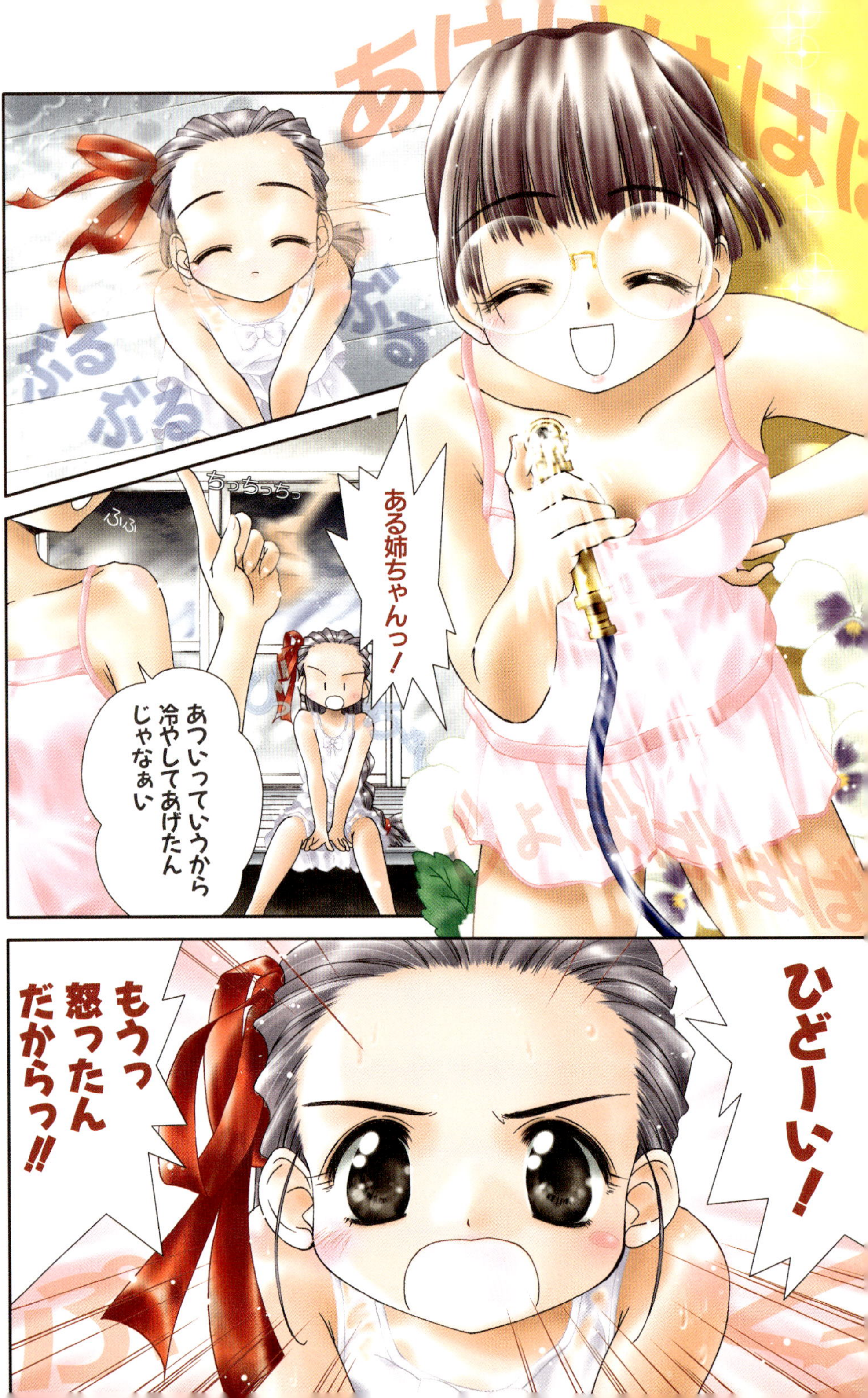
ぶるぶる
ぶる
ある姉ちゃんっ!
ちっちっちっ
ふふ
あついっていうから冷やしてあげたんじゃなぁい
ひどーい!
もうっ怒ったんだからっ!!

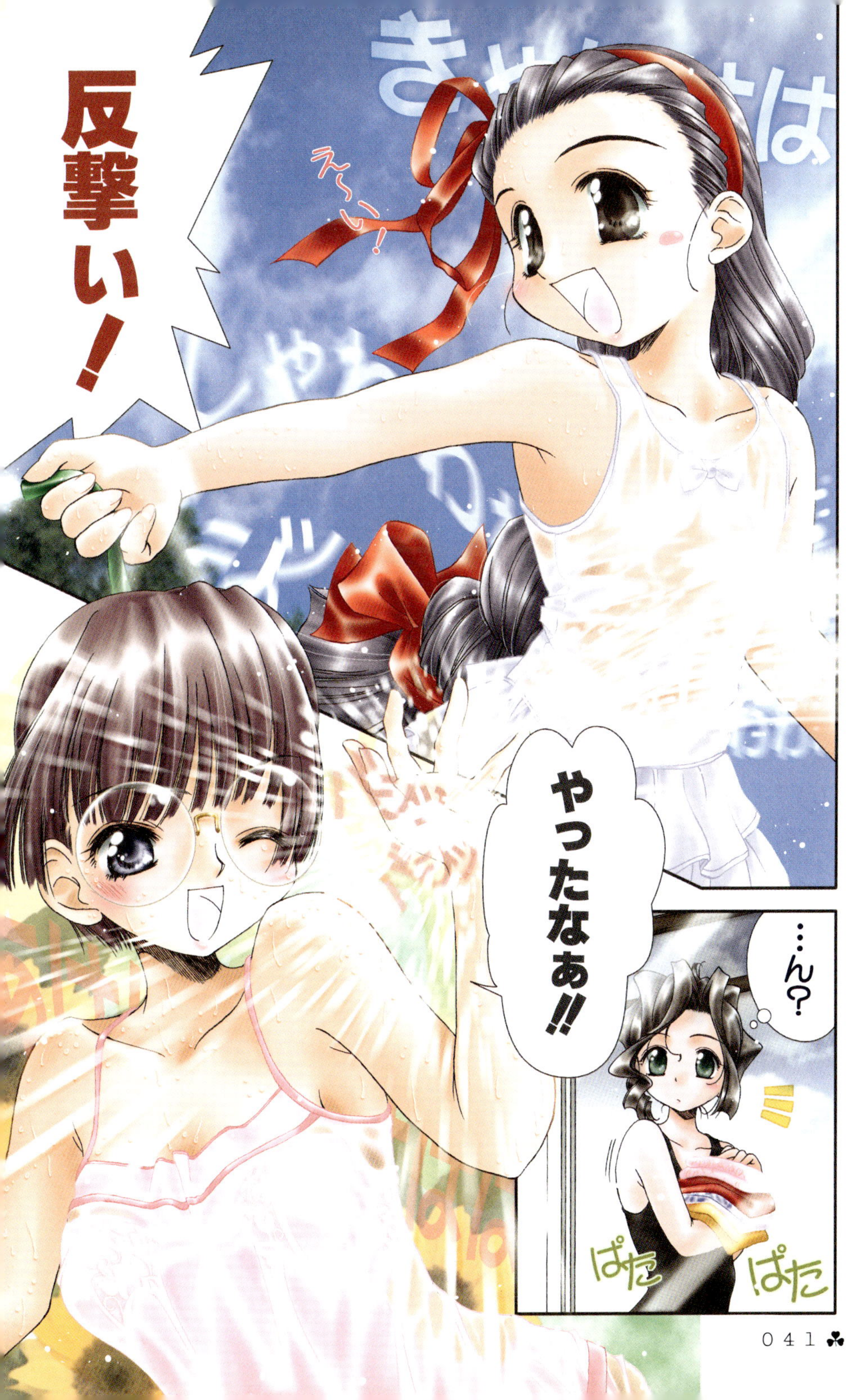
反撃い！
えい〜っ！
やったなぁ!!
…ん？
ミ
ぱた
ぱた

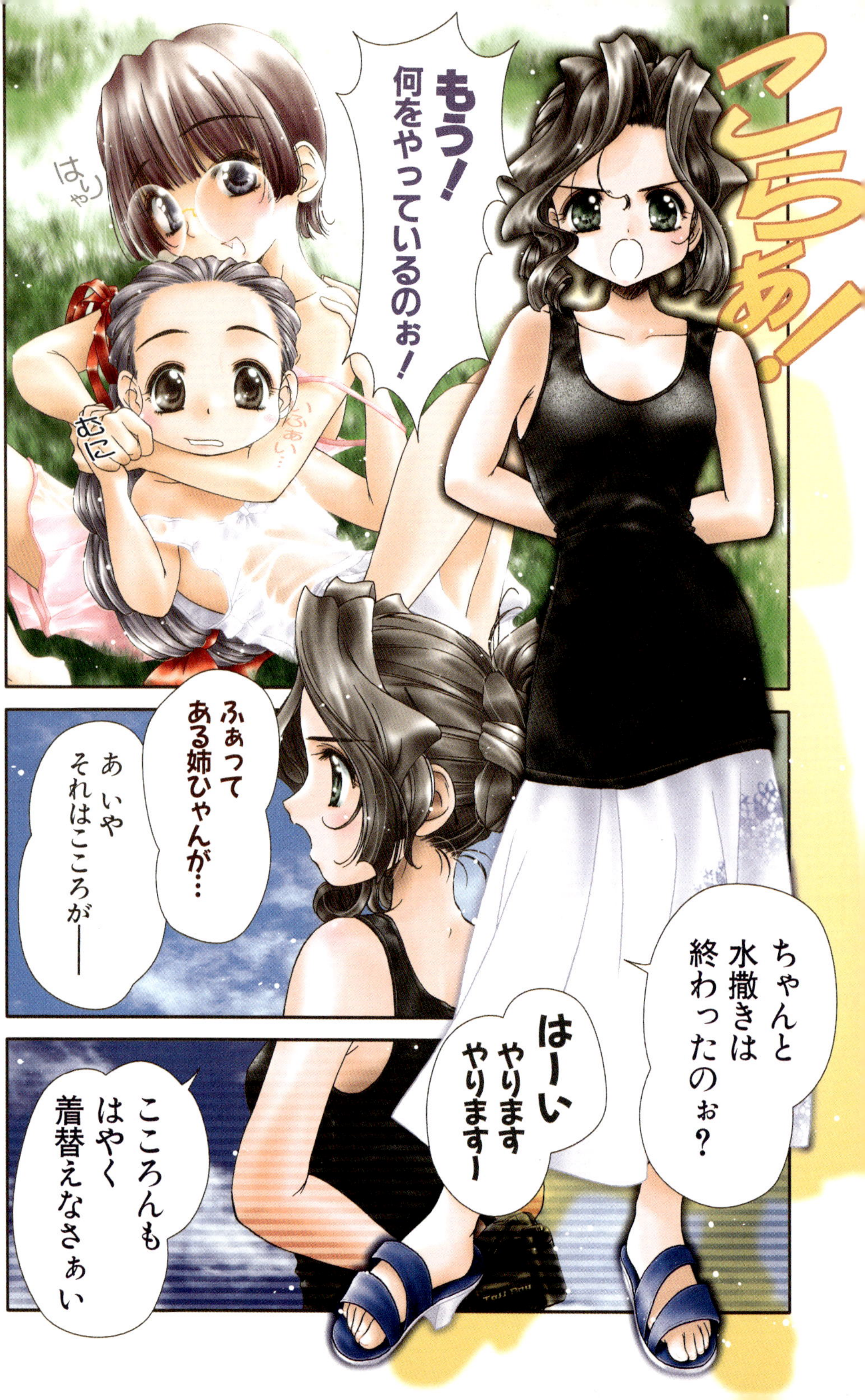
こらあ!
もう!
何をやっているのぉ!
はりゃ
むに
ふぁい…
ちゃんと水撒きは終わったのぉ?
はーい やりますやりますー
ふぁってある姉ひゃんが…
あいや それはこころが――
こころんもはやく着替えなさぁい

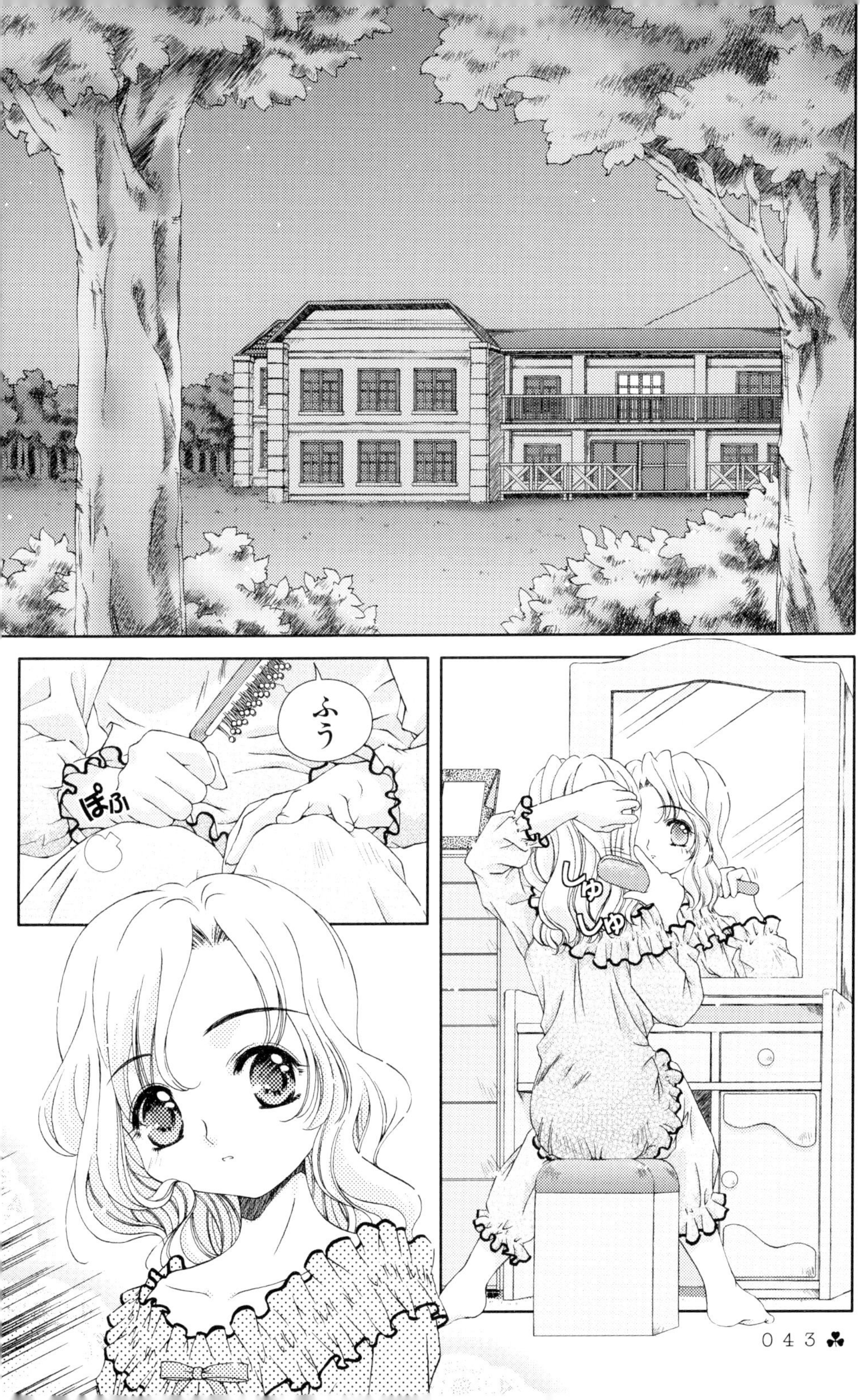
しゅしゅ
ふう
ぽふ

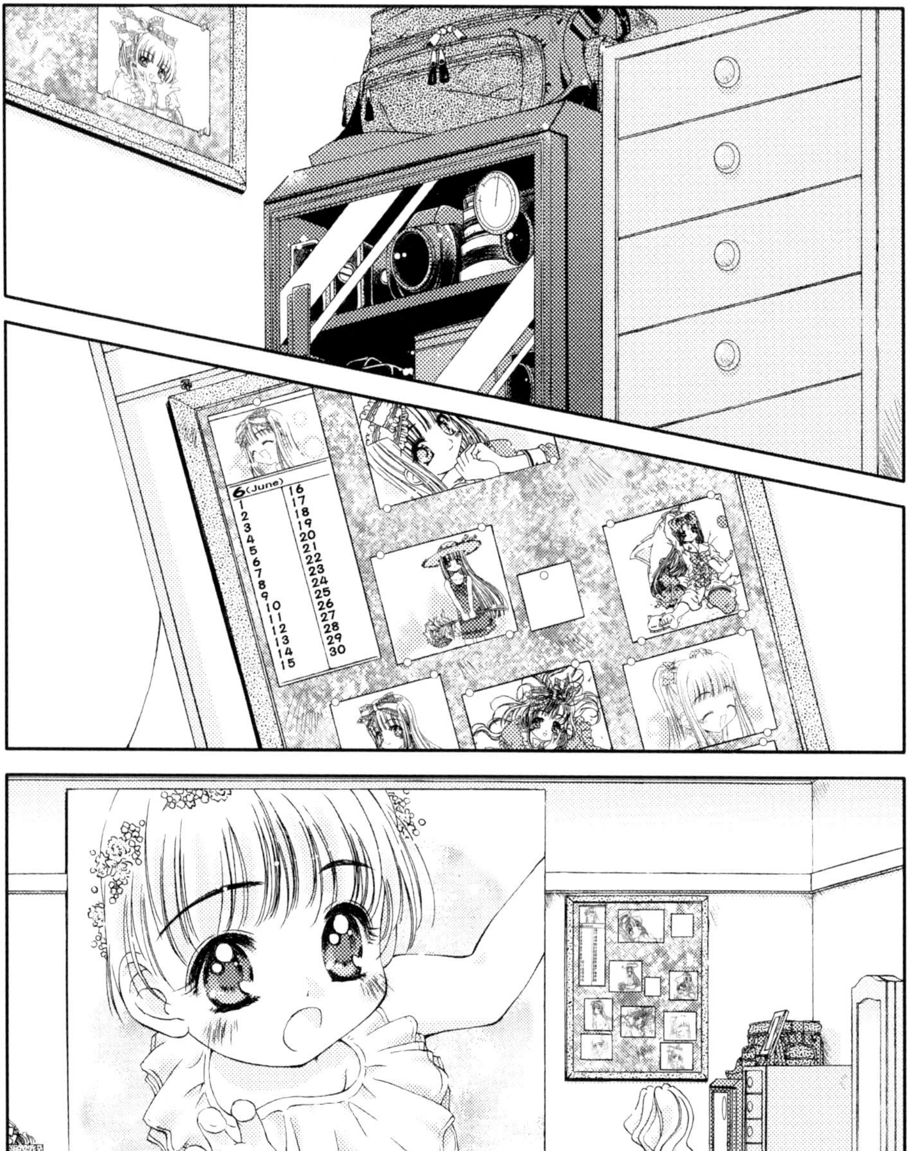
6(June)
1 2 3 4 5 6 7 8 9 10 11 12 13 14 15
16 17 18 19 20 21 22 23 24 25 26 27 28 29 30

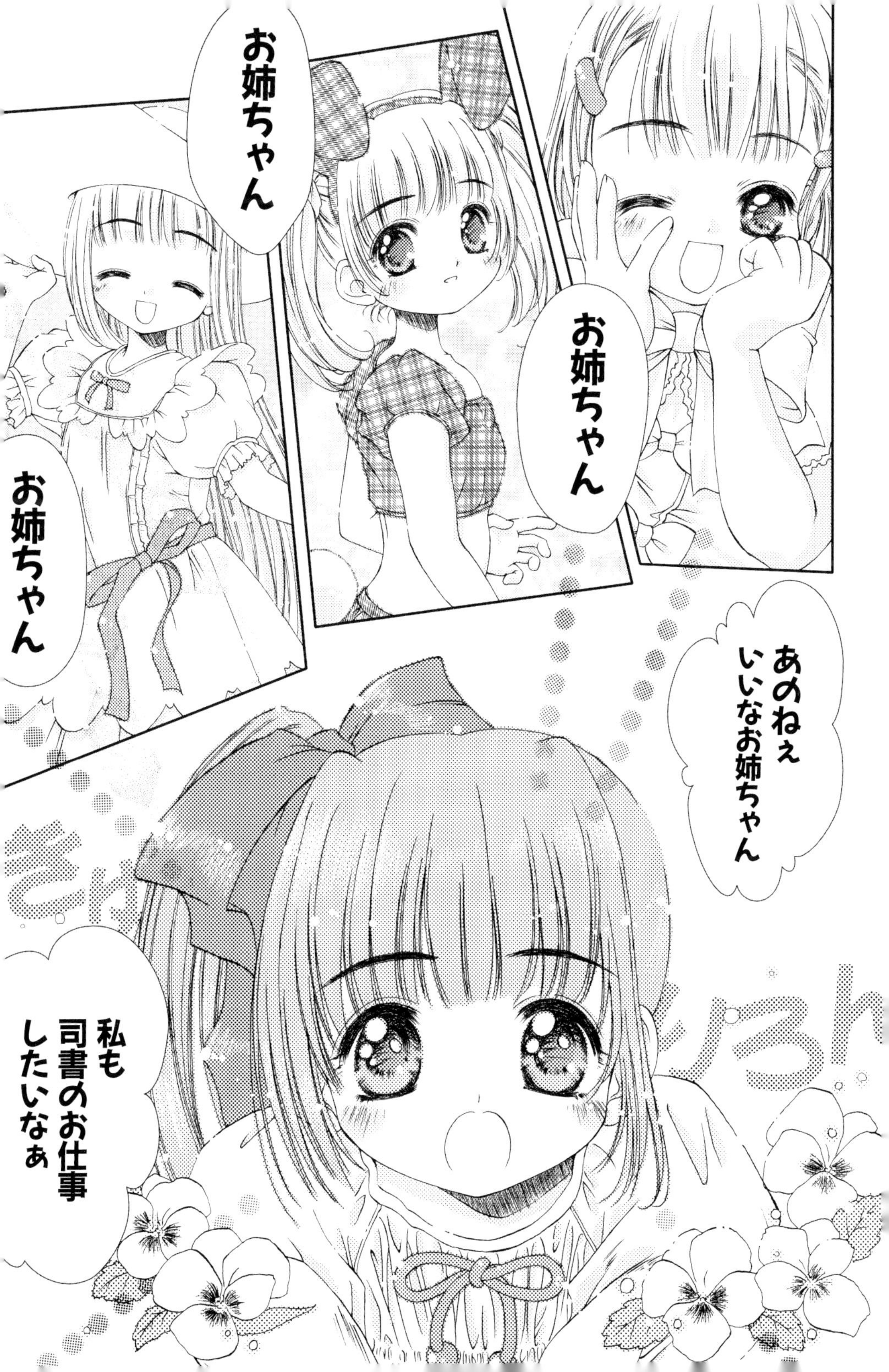
お姉ちゃん
お姉ちゃん
お姉ちゃん
あのねぇ
いいなお姉ちゃん
私も
司書のお仕事
したいなぁ

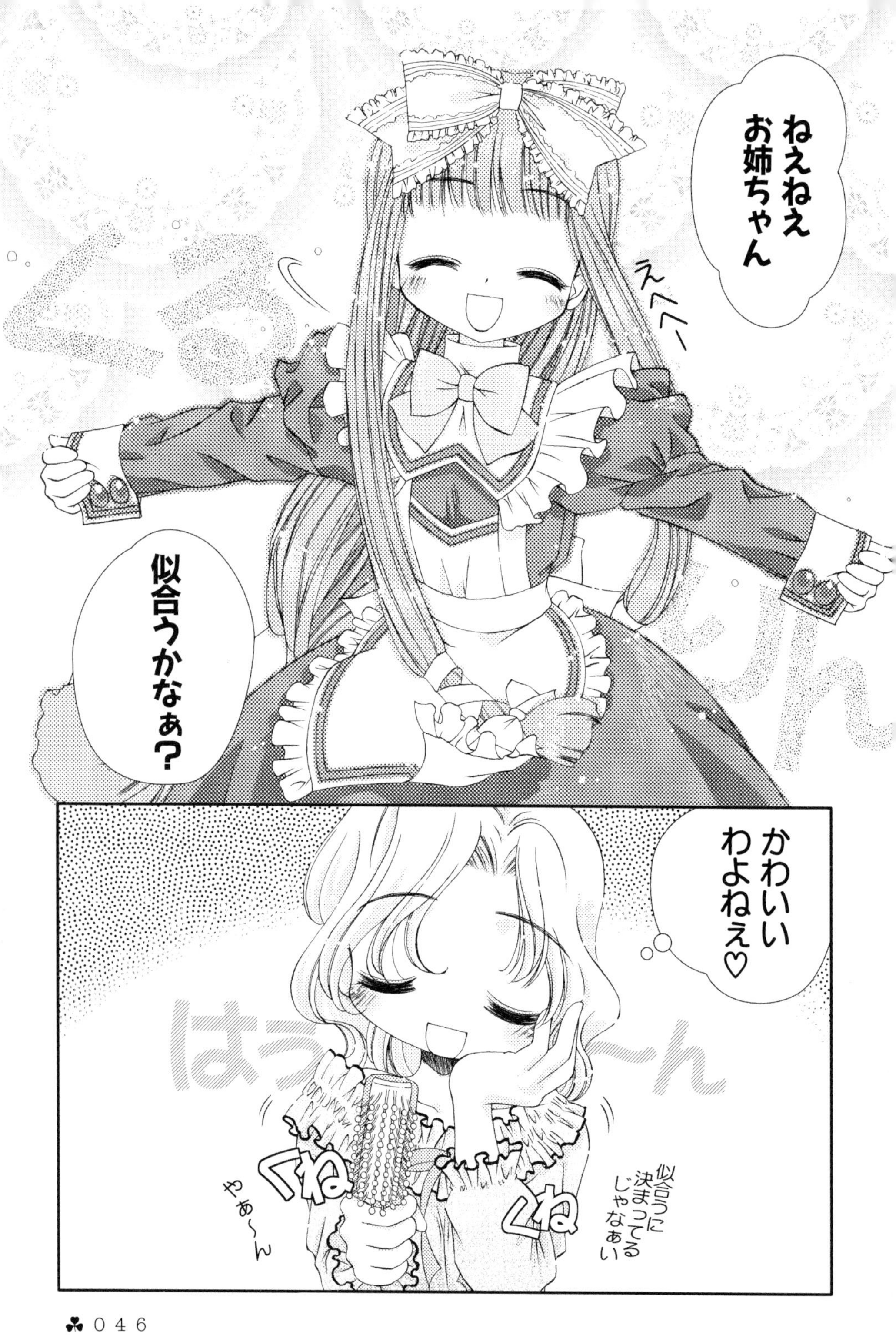
ねえねえ
お姉ちゃん
えへへ～
似合うかなぁ?
かわいい
わよねえ♡
似合うに
決まってる
じゃなぁい
くね
くね
やぁ～ん

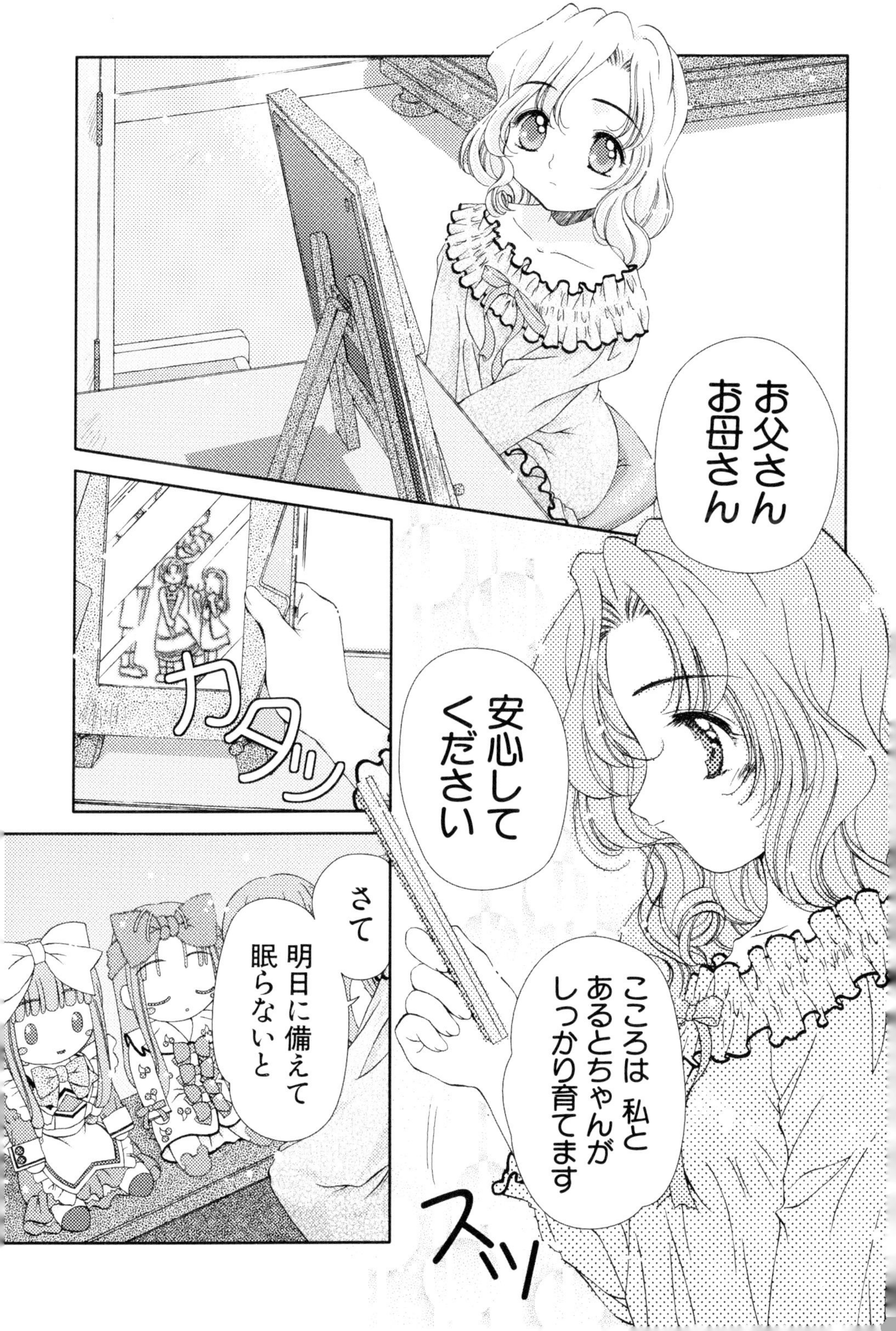
お父さん
お母さん
カタッ
安心してください
こころは 私と
あるとちゃんが
しっかり育てます
スッ
さて
明日に備えて
眠らないと

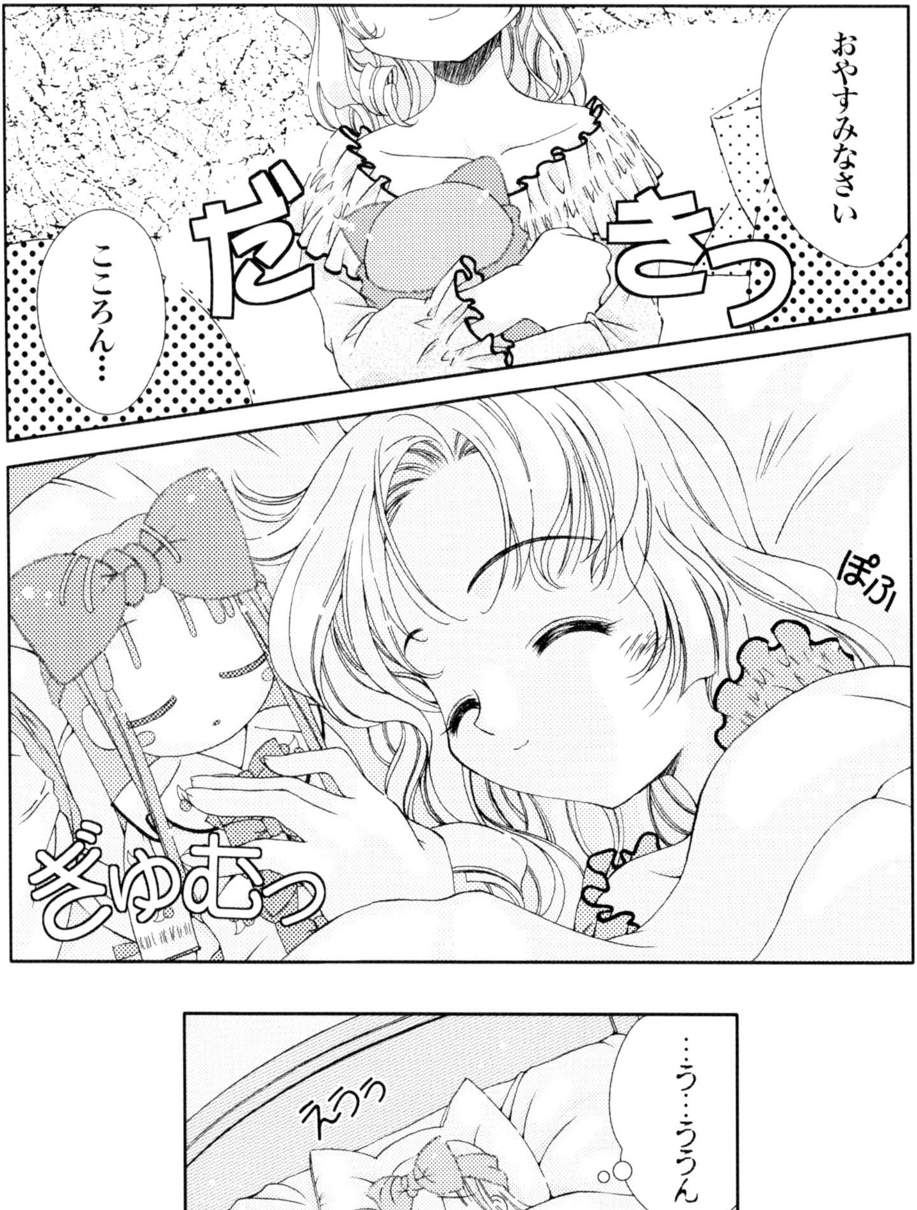
おやすみなさい
だきっ
こころん…
ぽふ
ぎゅむっ
…う…ううん
えうう
く苦しいよぉ……

KOKORO LIBRARY

KoKoSho Perfection

kokoro

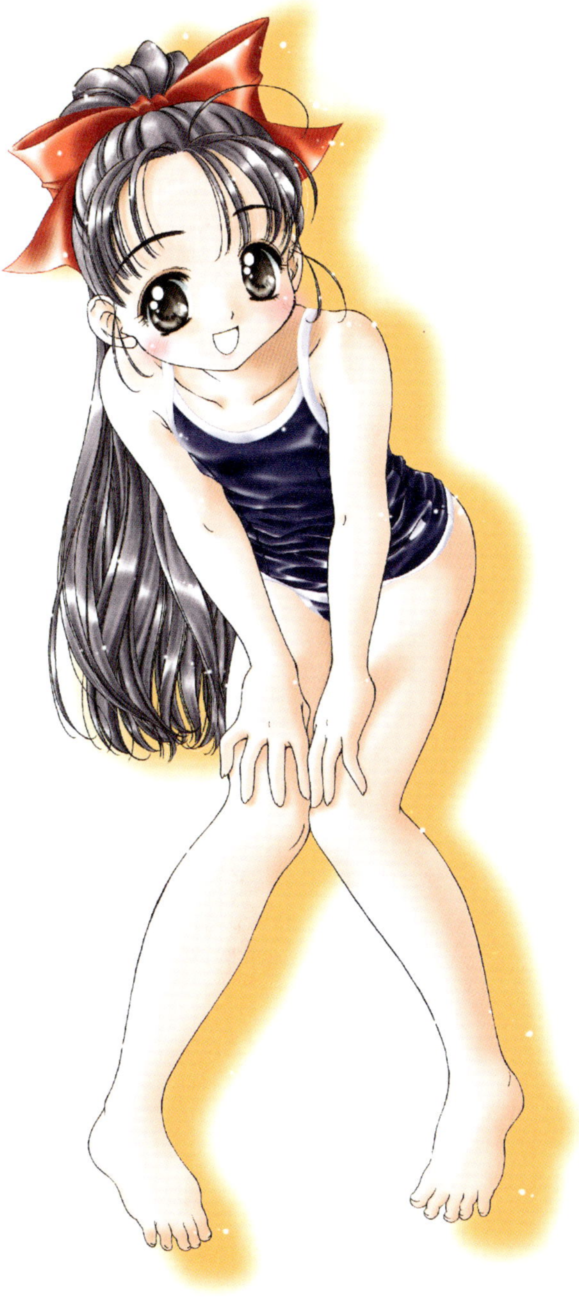

第 9 話

「unconscious kiss」

「寝ぼけるにもほどがあります」

第 10 話

「the secret of ARUTO」

「あるとが内緒にしてること」

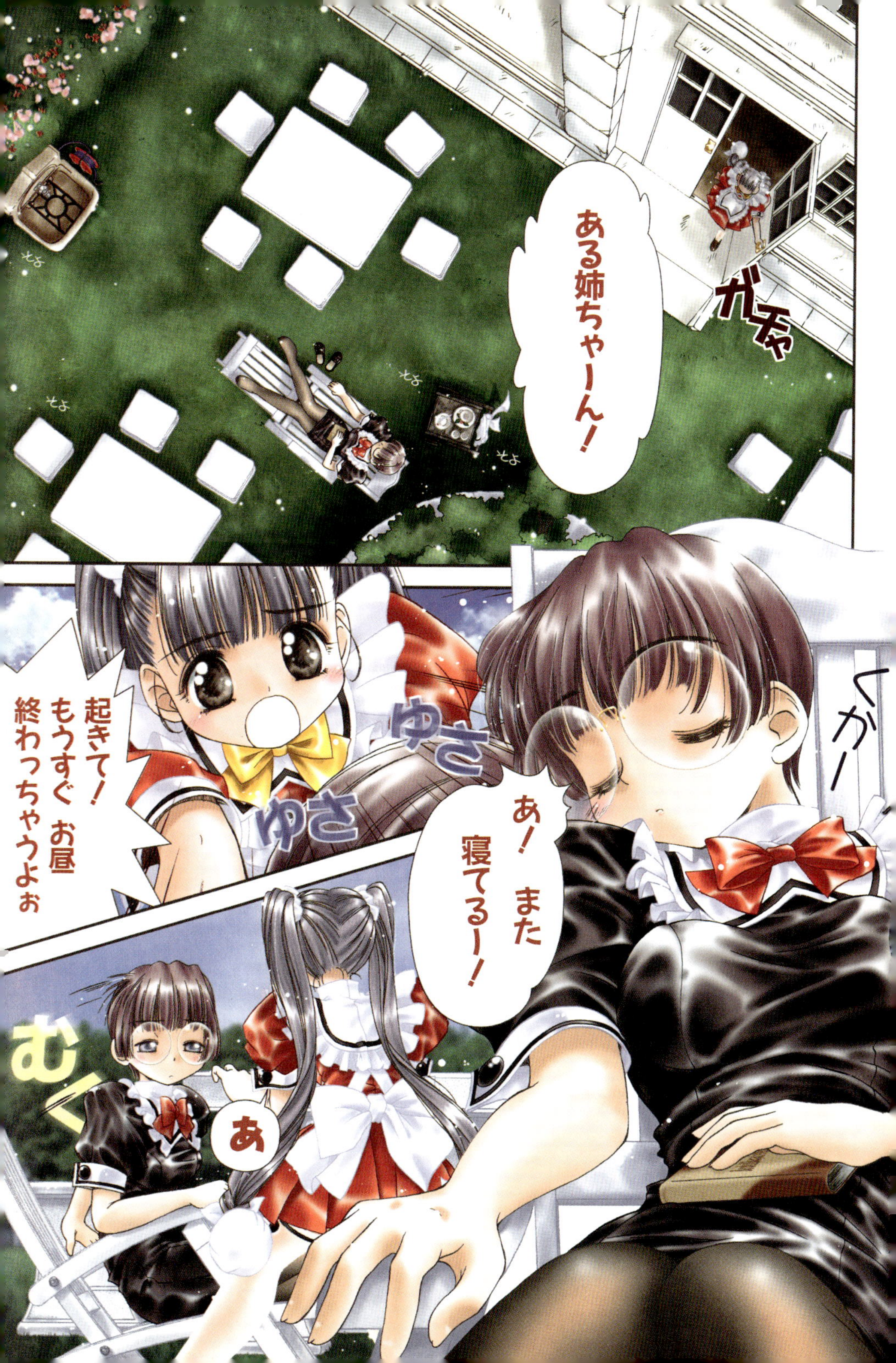
ガチャ
ある姉ちゃーん！
そよ
そよ
そよ
そよ
くかー
あ！ また寝てるー！
ゆさ
ゆさ
起きて！もうすぐ お昼 終わっちゃうよぉ
あ
むく

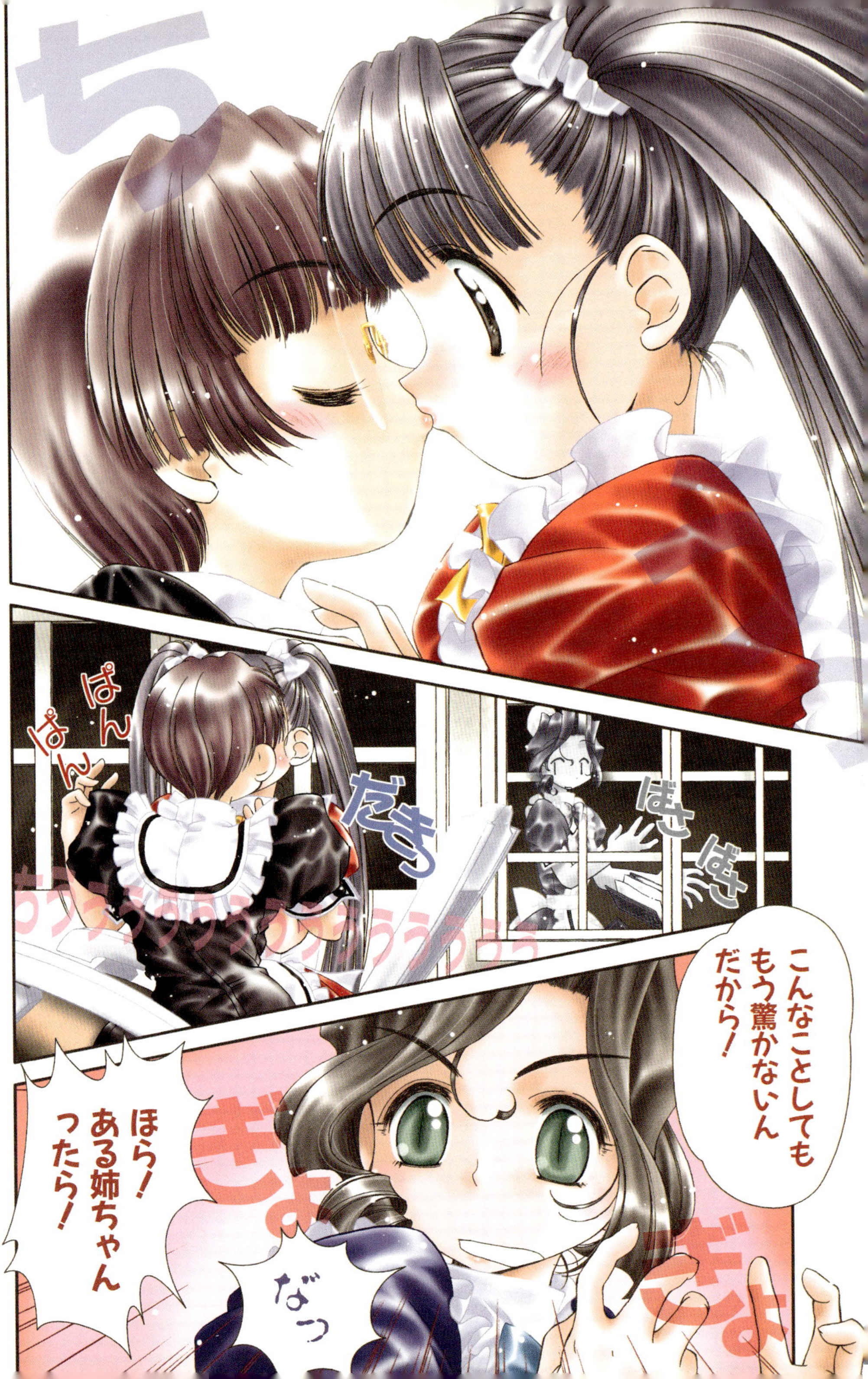
ちう
ぱんぱん
だき
ばさばさ
ちうううううううううううううう
こんなことしてももう驚かないんだから!
ほら!ある姉ちゃんったら!
ぎょぎょ
なっ

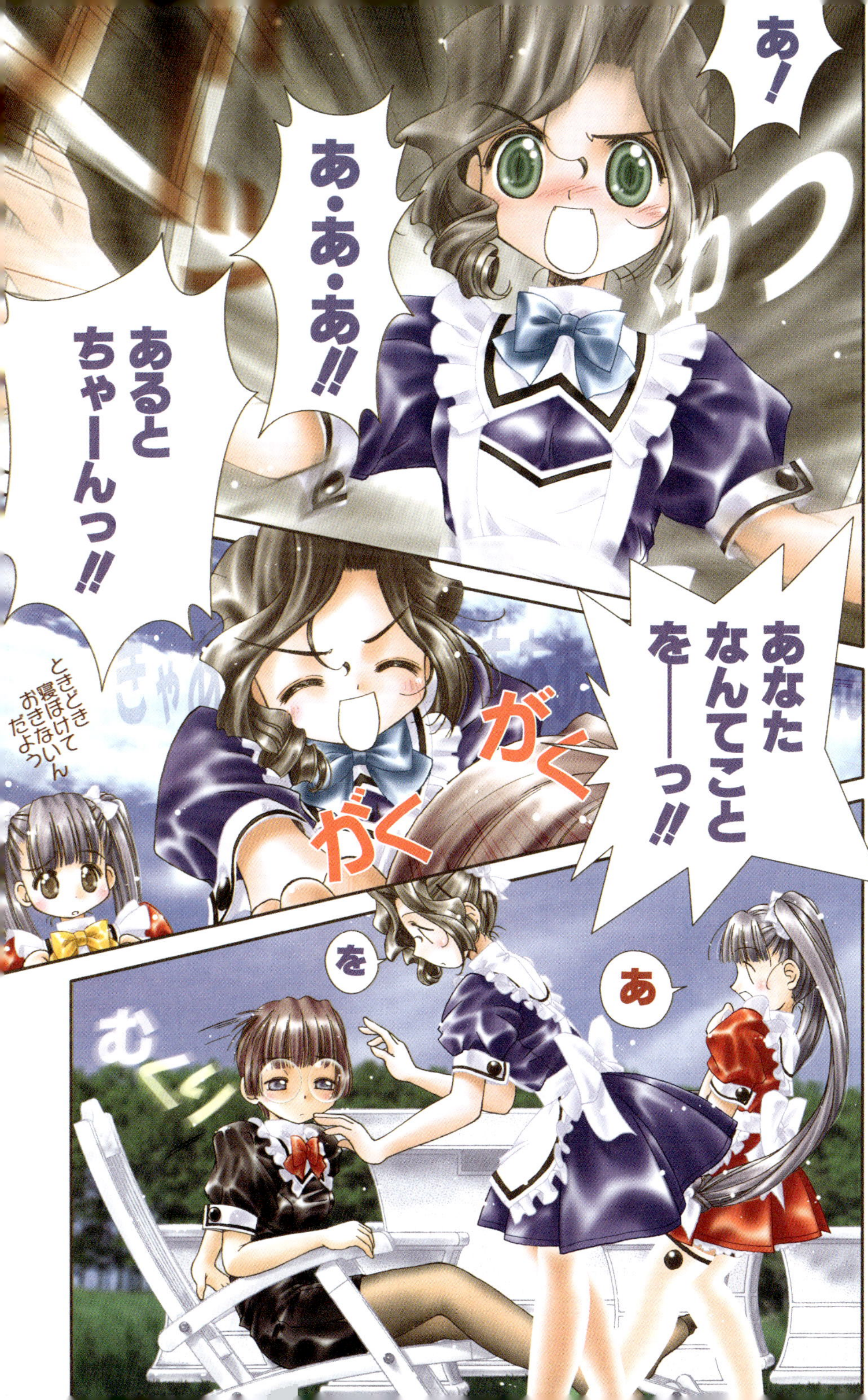
あ!
あ・あ・あ!!
あるとちゃーーんっ!!
あなたなんてことを――っ!!
がくがく
ときどき寝ぼけておきないんだよぅ
あ
を
むくり

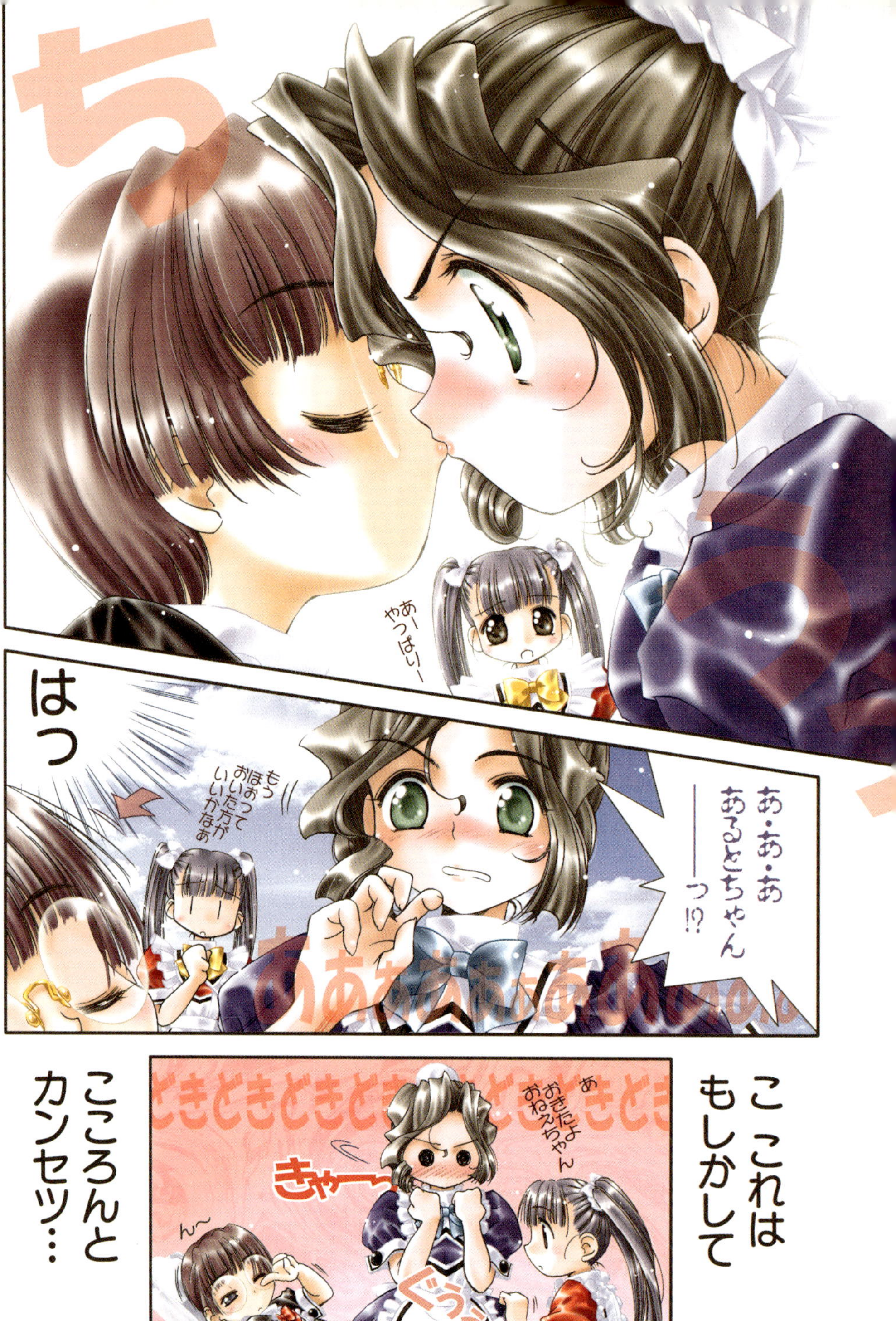
ち
う
あーやっぱりー
はっ
あ・あ・あ
あるとちゃん
――っ!?
もうほうおっておいた方がいいかなぁ
ここれは
もしかして
あ
おきたよ
おねえちゃん
きゃーっ
ぐぅぅ
ん〜
こころんと
カンセツ…

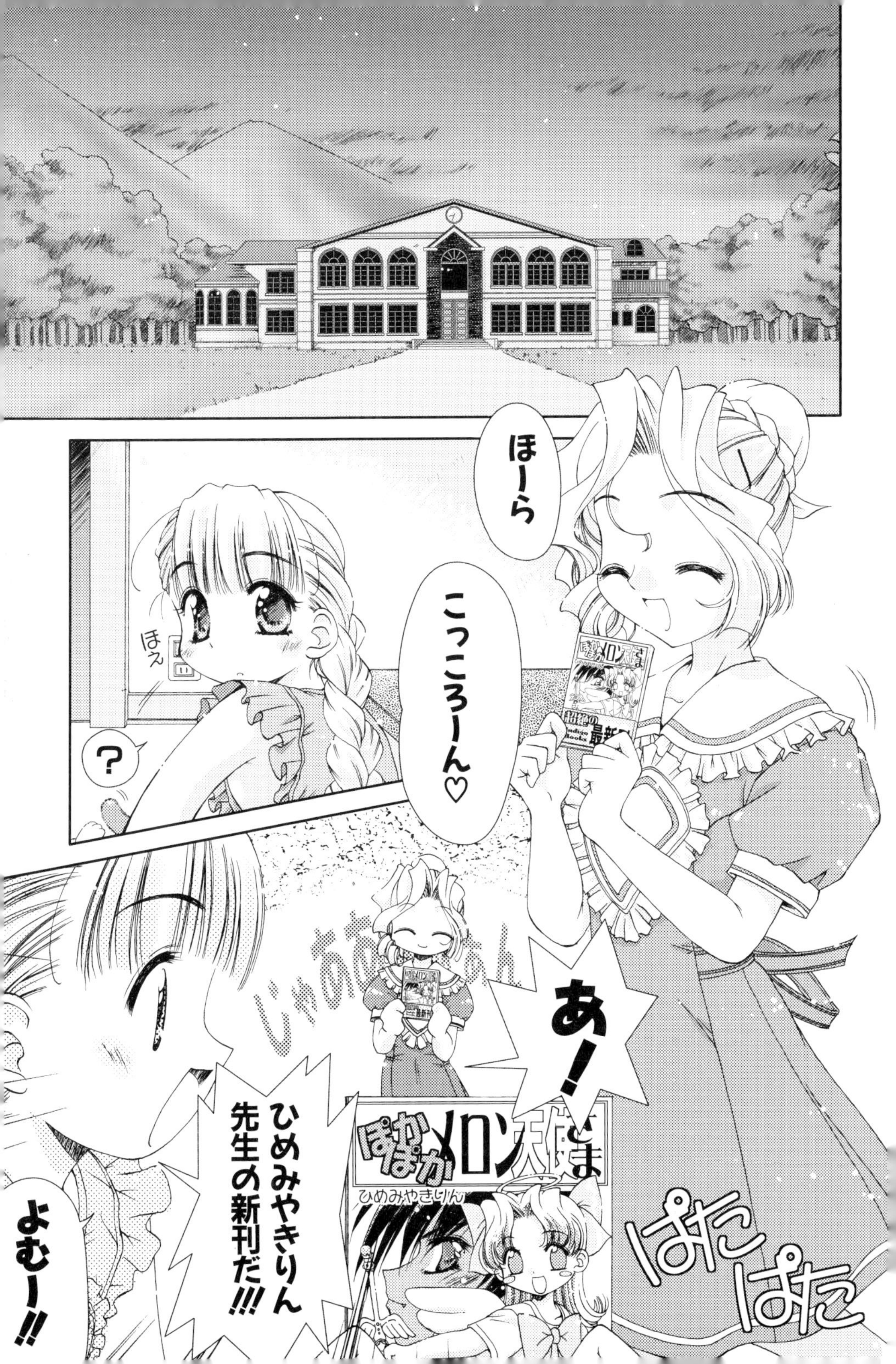
ほーら
こっころーん♡
ほぇ
?
あ!
ひめみやきりん先生の新刊だ!!!
よむー!!
ひめみやきりん
ぱたぱた

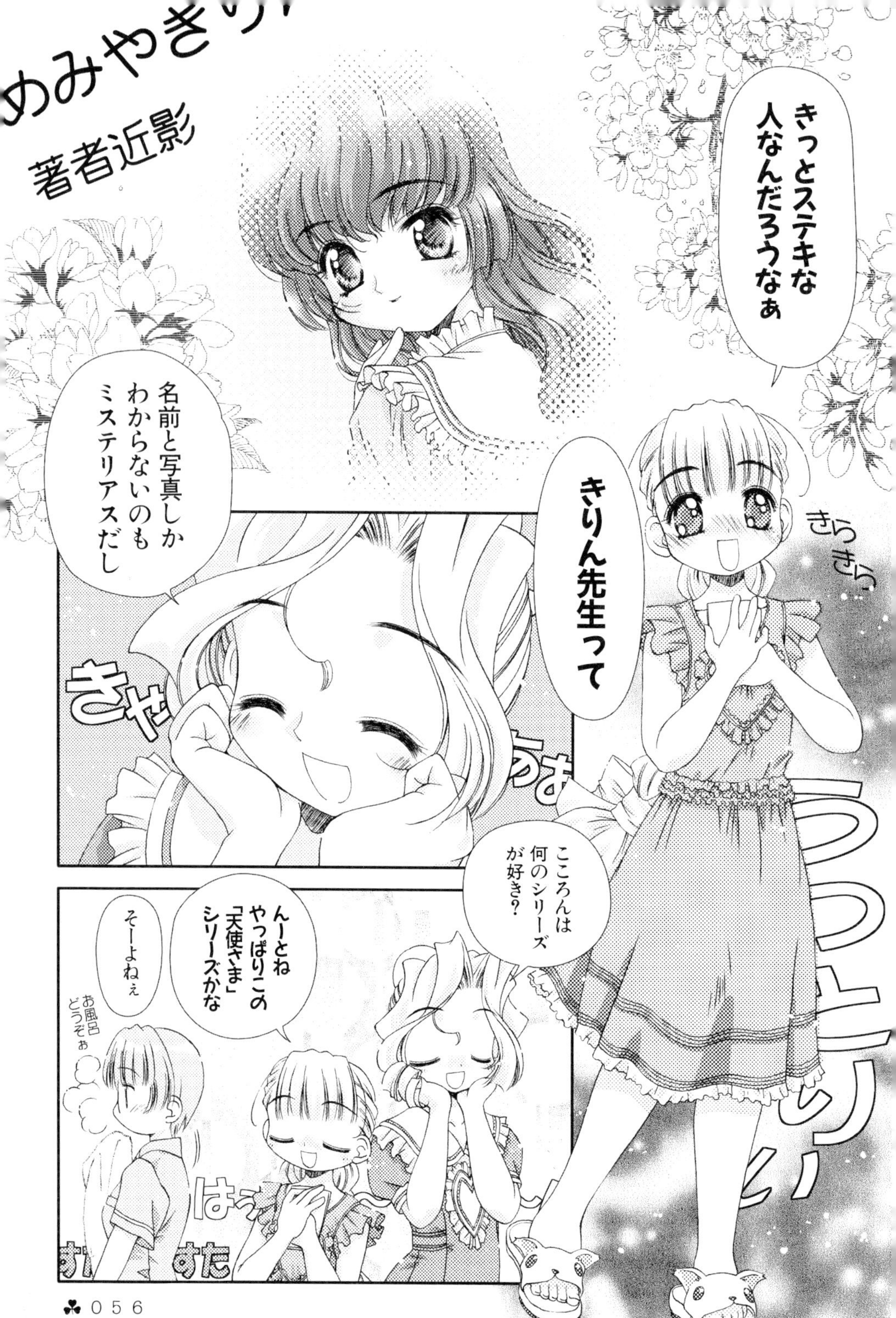
めみやきり
著者近影
きっとステキな人なんだろうなぁ
名前と写真しかわからないのもミステリアスだし
きりん先生って
きらきら
うっとり
こころんは何のシリーズが好き？
んーとね やっぱりこの「天使さま」シリーズかな
そーよねぇ
お風呂どうぞぉ
はぁ
すた すた

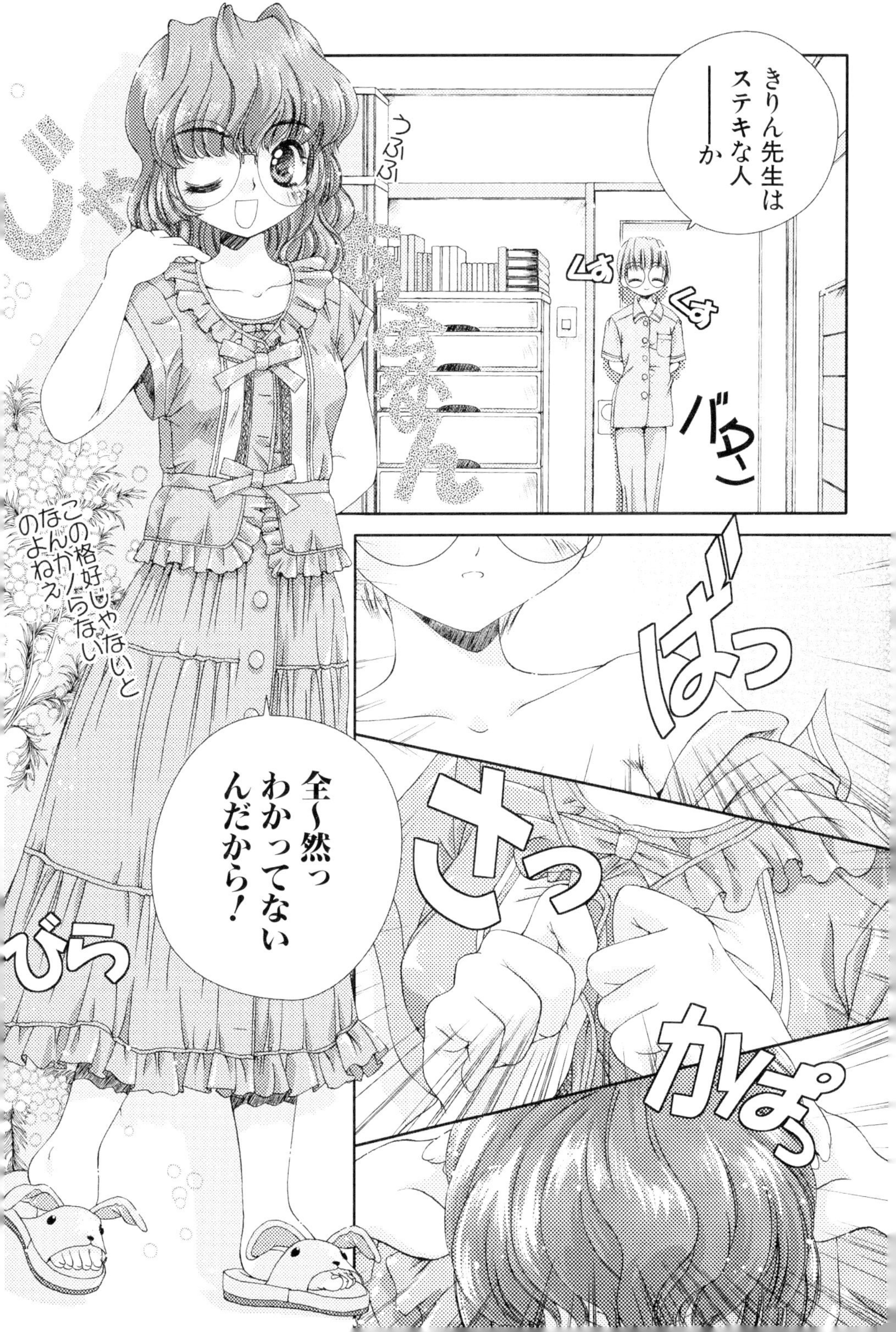
きりん先生は
ステキな人
——か
くすくす
バタン
うふふん
じゃ～ん
この格好じゃないと
なんかノらないのよねぇ
ばっ
さっ
全～然っ
わかってない
んだから!
かぽっ
ぴら

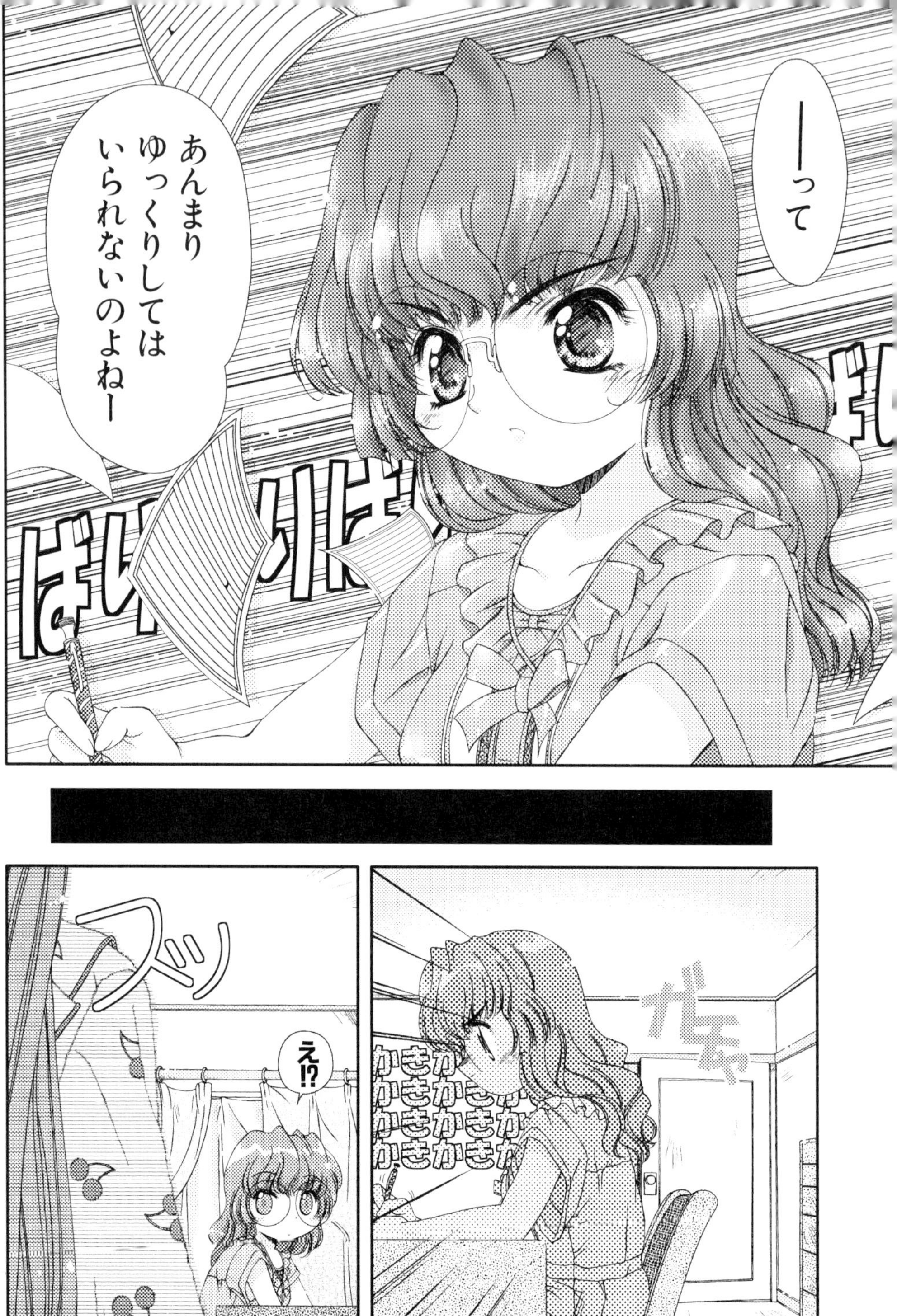
ーーって
あんまりゆっくりしてはいられないのよねー
かきかきかきかきかきかきかきかきかきか
スッ
え!?

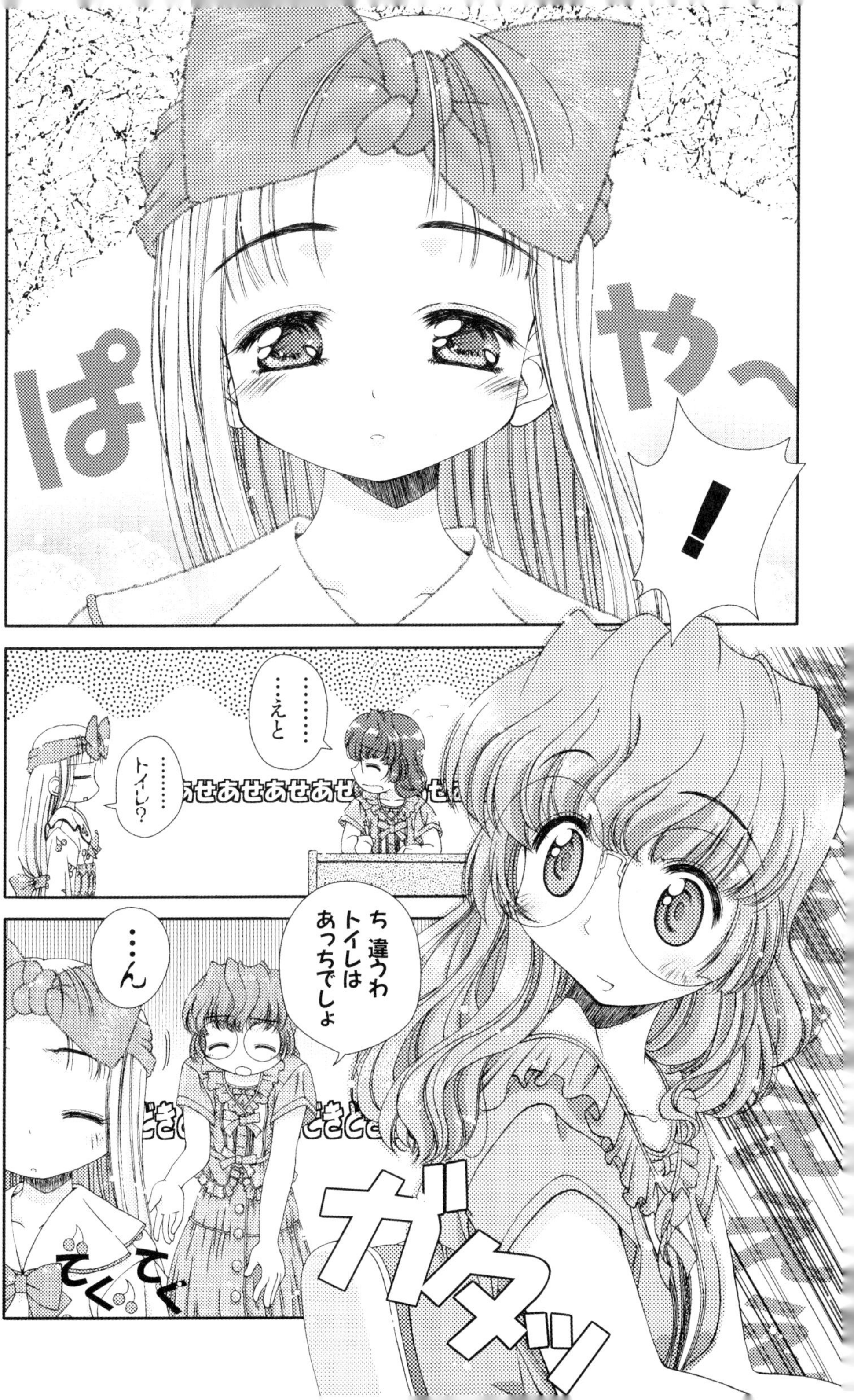
ぱやっ〜
!
…………えと
………トイレ?
あせあせあせあせ
ガタッ
ち違うわ
トイレは
あっちでしょ
…ん
どきどき
てくてく

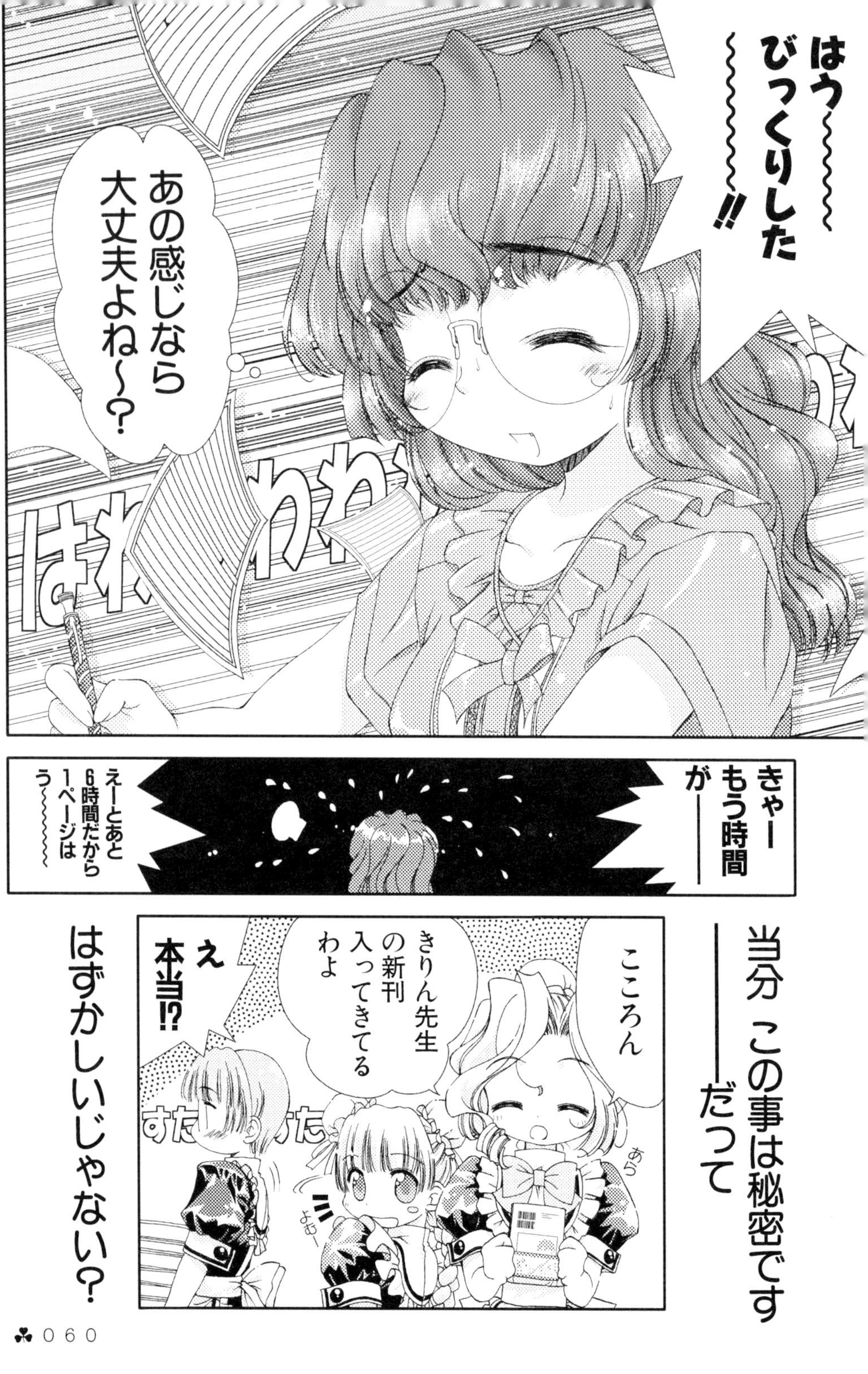
はう〜〜〜
びっくりした〜〜〜〜!!
あの感じなら
大丈夫よね〜？
はわわわ
きゃー
もう時間
が——
えーとあと
6時間だから
1ページは
う〜〜〜〜
当分 この事は秘密です
——だって
こころん
きりん先生
の新刊
入ってきてる
わよ
え
本当!?
すたすた
あら
はずかしいじゃない？

KOKORO
LIBRARY
KoKoSho Perfection
kokoro

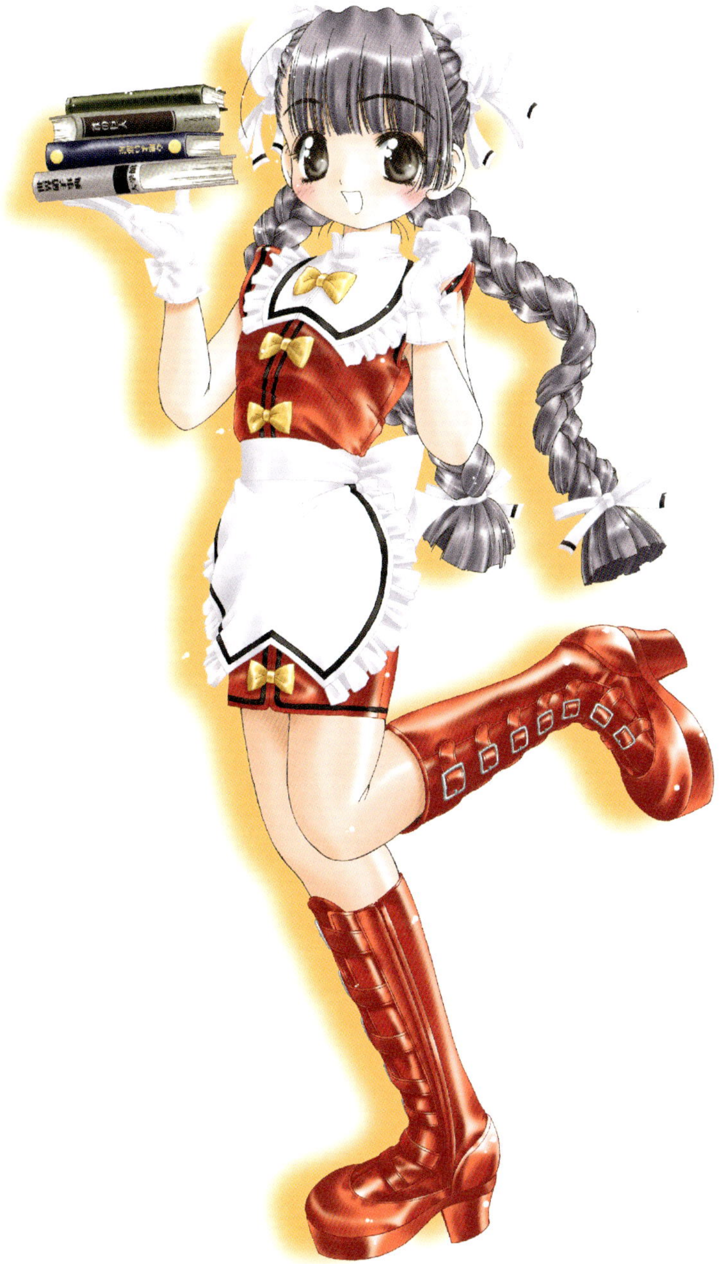

第11話

「before bathing in the sea」

「楽しみな海水浴」

第12話

「an invisible guest」

「不思議なお客さん」

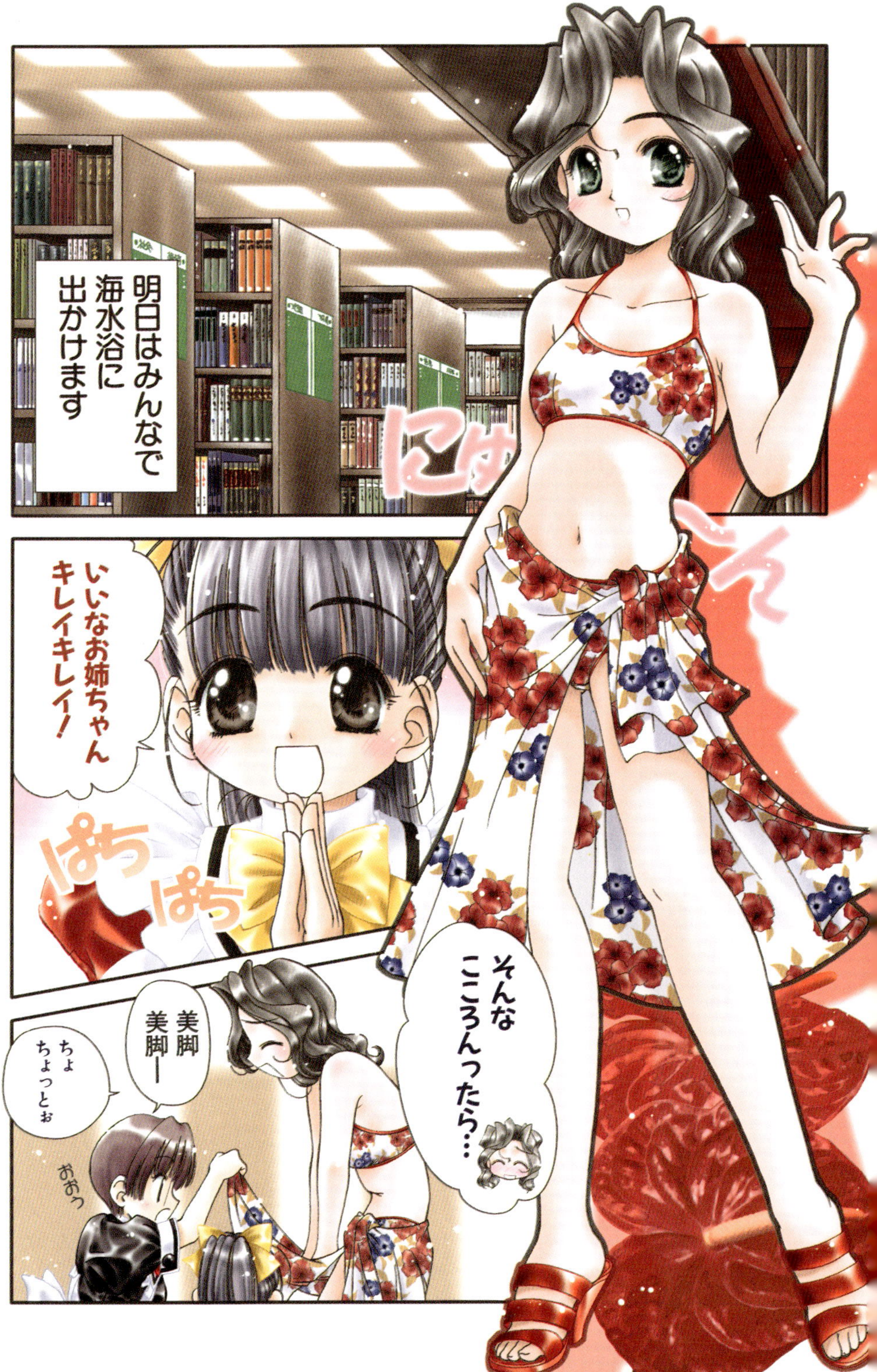
明日はみんなで海水浴に出かけます
にゅ〜ん
いいなお姉ちゃんキレイキレイ!
ぱちぱち
そんなこころんったら…
美脚美脚ー
ちょちょっとぉ
おおう

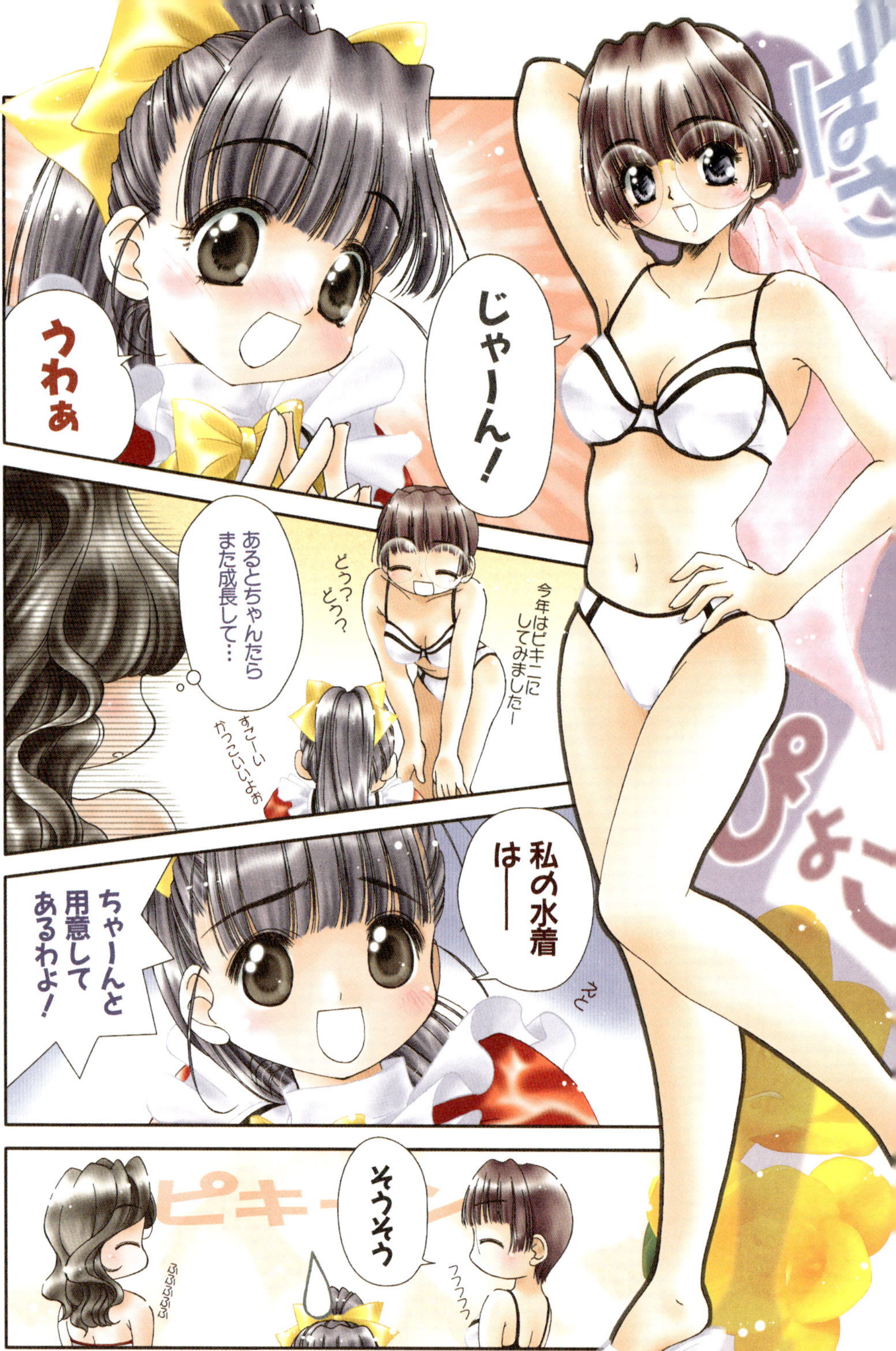
じゃーん!
うわぁ
今年はビキニにしてみましたー
どぅ?どぅ?
あるとちゃんたらまた成長して…
すごーい かっこいいよぉ
私の水着はーー
ちゃーんと用意してあるわよ!
そうそう
ピキーーン
ふふふふふ
ふふふふ

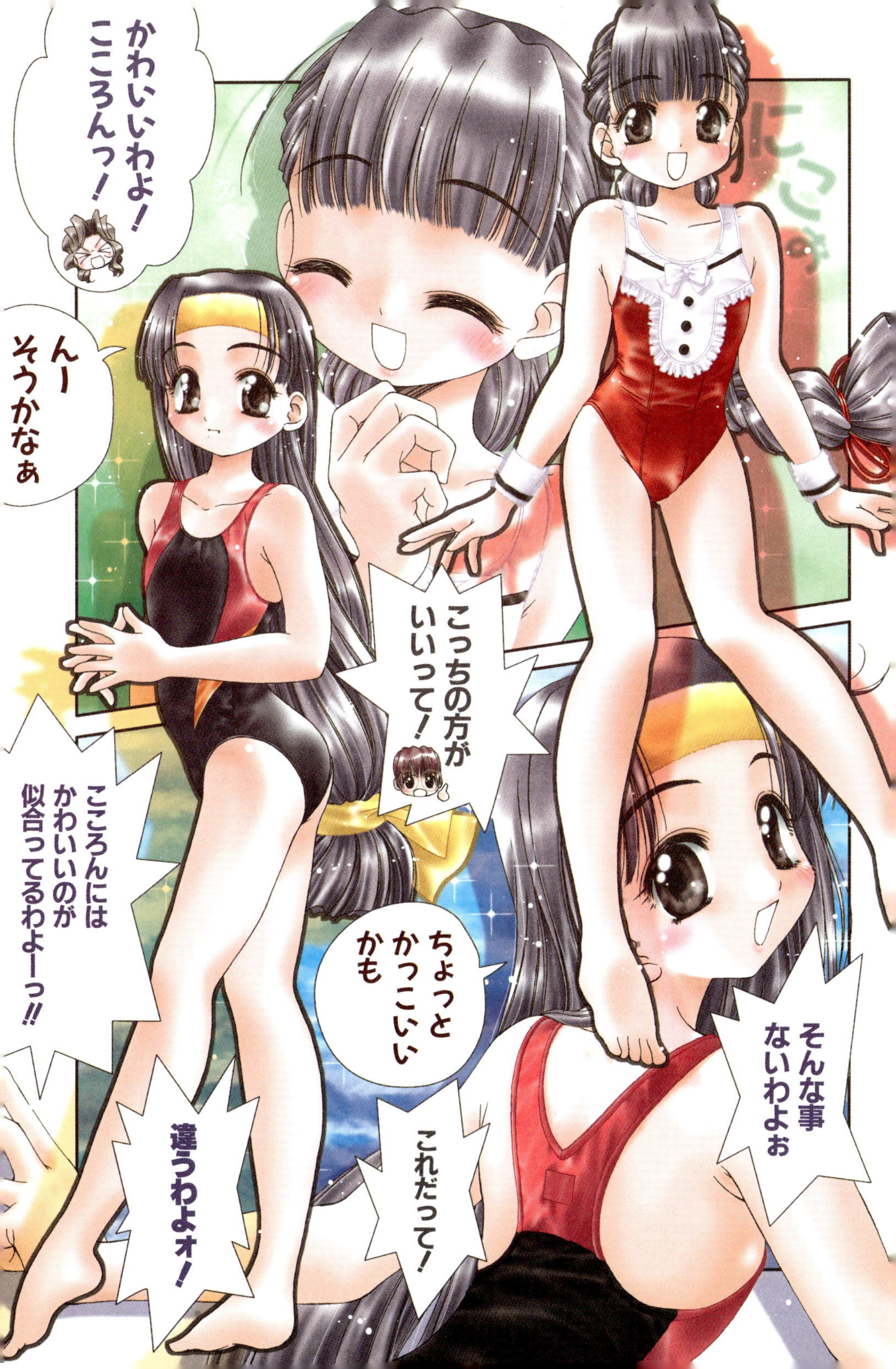
にこっ
かわいいわよ！こころんっ！
んー そうかなぁ
こっちの方が いいって！
ちょっと かっこいい かも
そんな事 ないわよぉ
これだって！
こころんには かわいいのが 似合ってるわよーっ!!
違うわよォ！

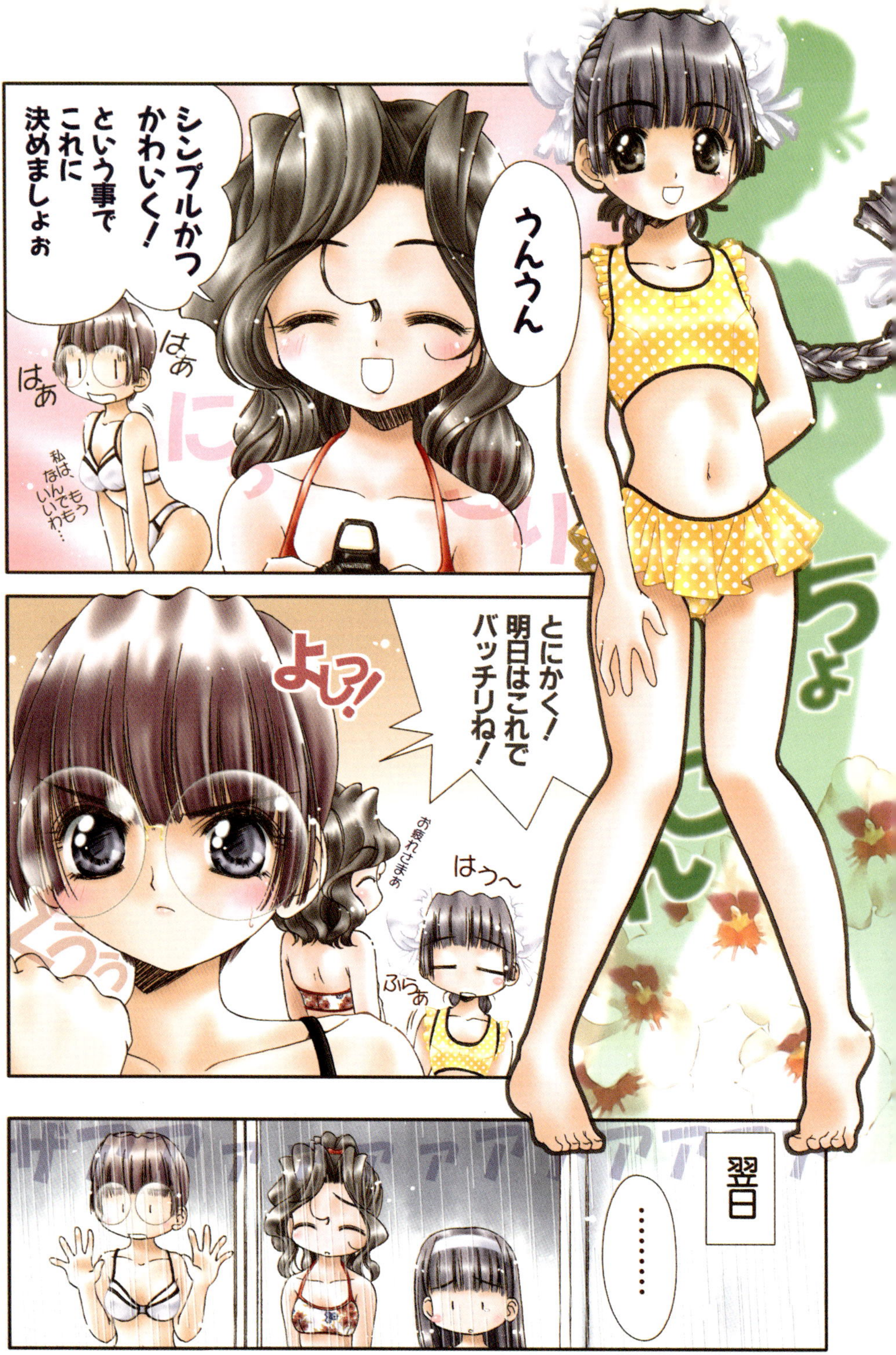
うんうん
シンプルかつ かわいく! という事で これに 決めましょぉ
にっこり
はぁ はぁ
私は、なんでも もう いいわ…
とにかく! 明日はこれで バッチリね!
よしっ!
ぐうぅ
お疲れさまぁ
はぅ～
ふらぁ
翌日
………

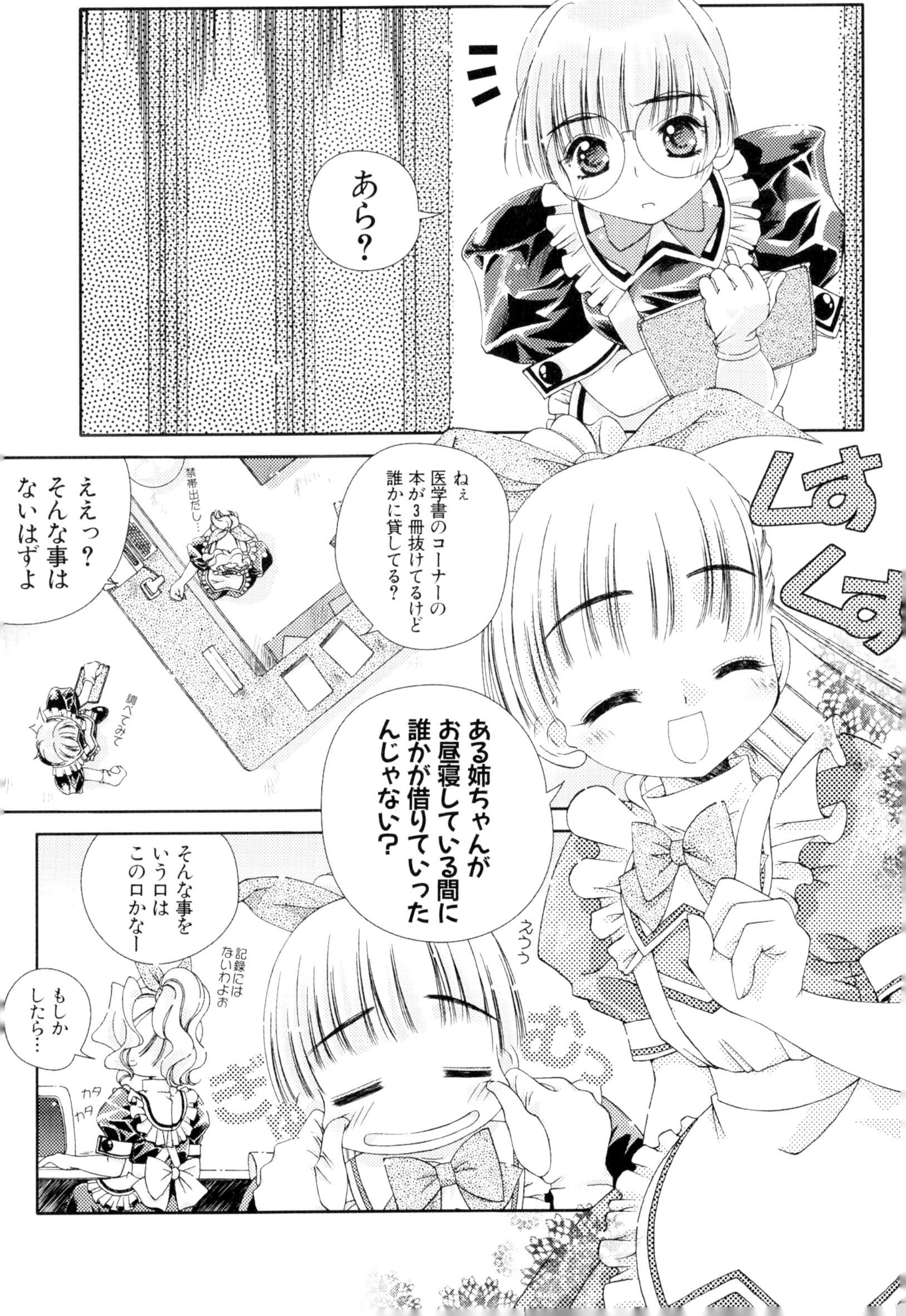
あら？
ねぇ
医学書のコーナーの本が3冊抜けてるけど誰かに貸してる？
ええっ？そんな事はないはずよ
禁帯出だし…
調べてみて
ある姉ちゃんがお昼寝している間に誰かが借りていったんじゃない？
えうう
そんな事をいう口はこの口かなー
記録にはないわよぉ
もしかしたら…
カタ
カタ

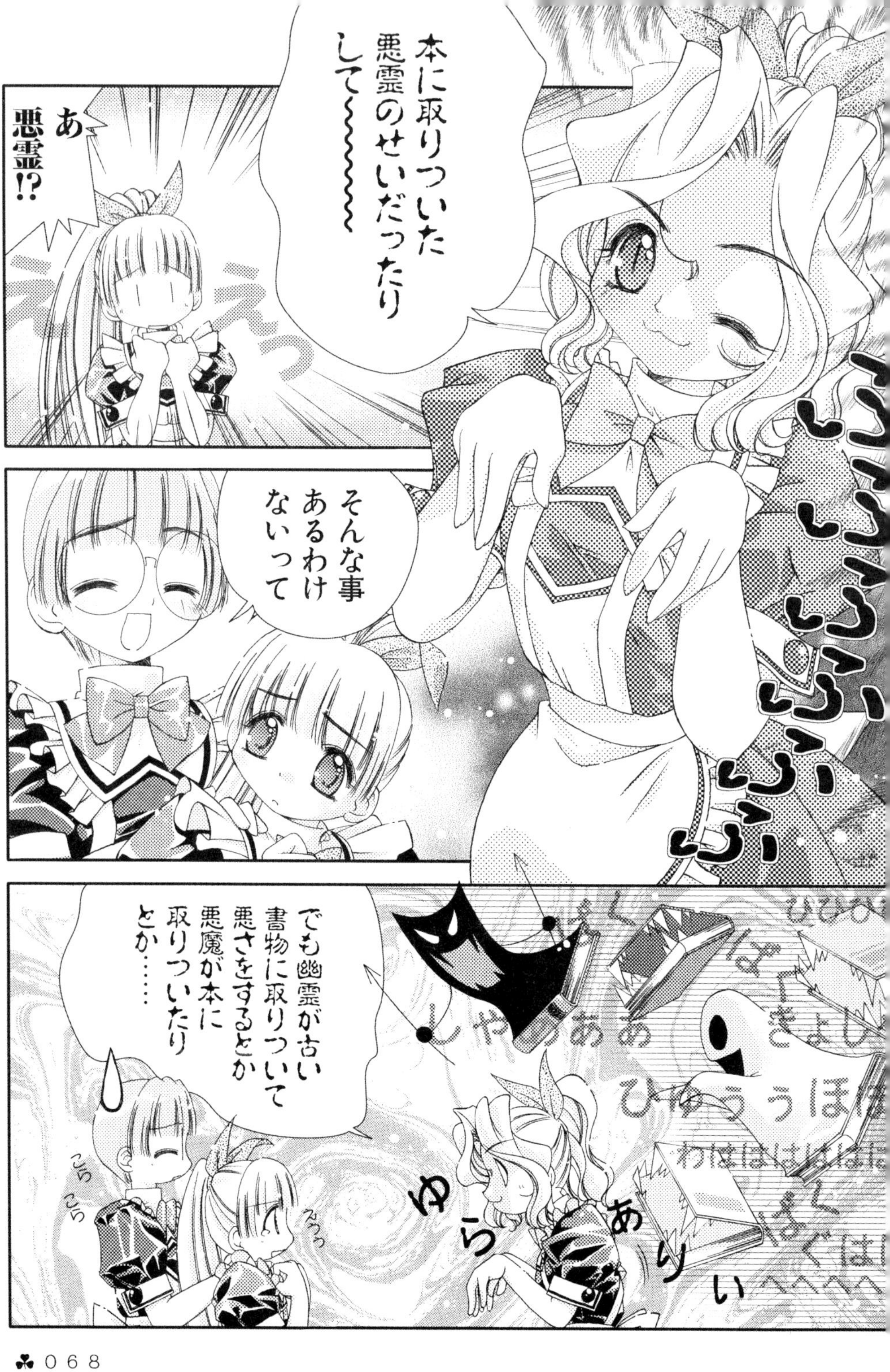
ふふふふふふふ
本に取りついた悪霊のせいだったりして〜〜〜〜
あ 悪霊!?
そんな事あるわけないって
でも幽霊が古い書物に取りついて悪さをするとか悪魔が本に取りついたりとか……
ゆら
ありい

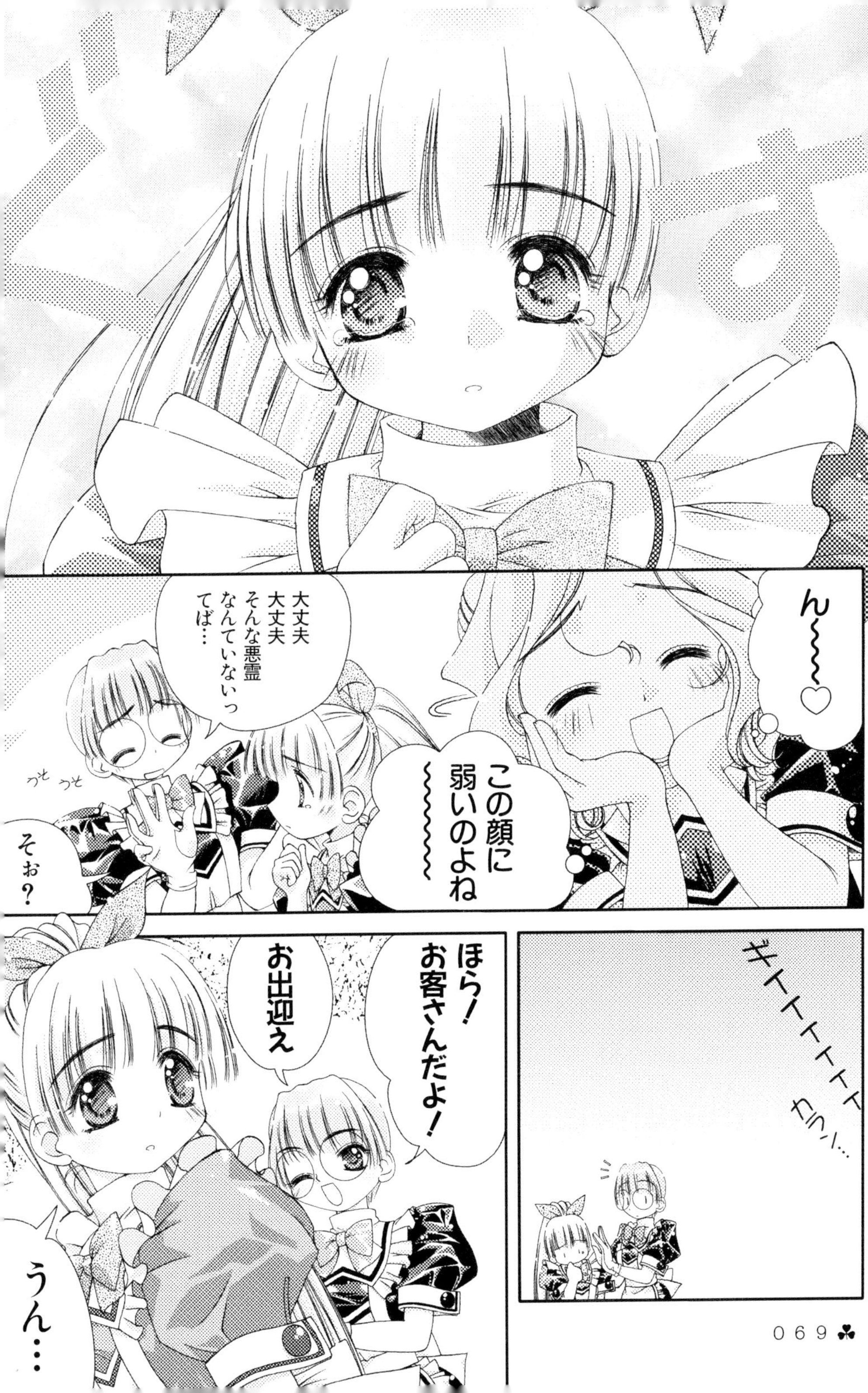

ん〜〜〜♡
この顔に弱いのよね〜〜〜
大丈夫
大丈夫
そんな悪霊なんていないってば…
うそ うそ
そぉ?
ギイイイイイイイ
カラン…
ほら!
お客さんだよ!
お出迎え
うん…

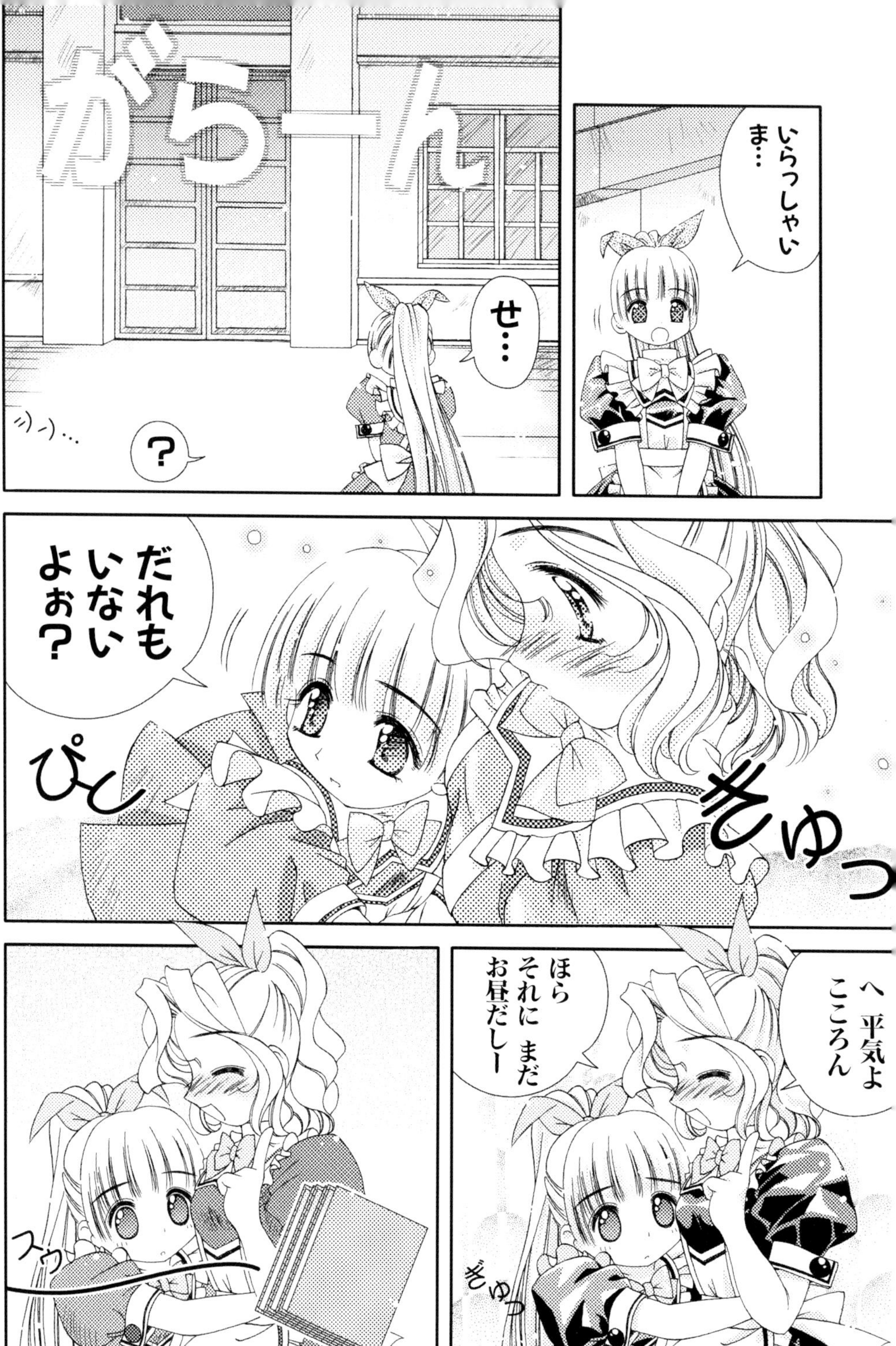

いらっしゃいま…
がらーん
せ…
シーン…
?
だれもいないよぉ?
ぴと
きゅっ
へ 平気よこころん
ほら それに まだお昼だしー
ぎゅっ
スゥ

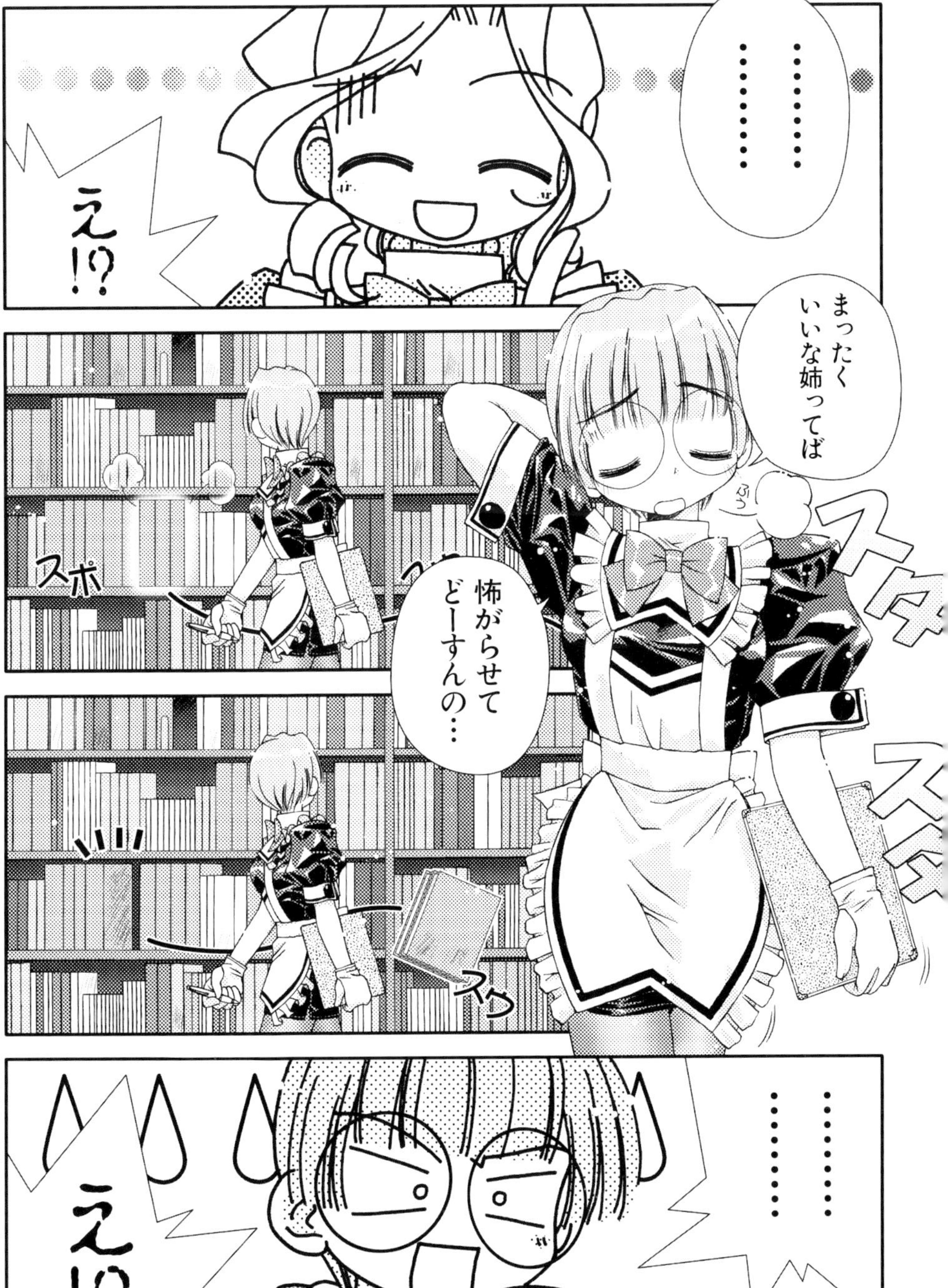
…………
え!?
まったく
いいな姉ってば
ふぅ
怖がらせて
どーすんの…
スポ
スゥ
…………
え!?

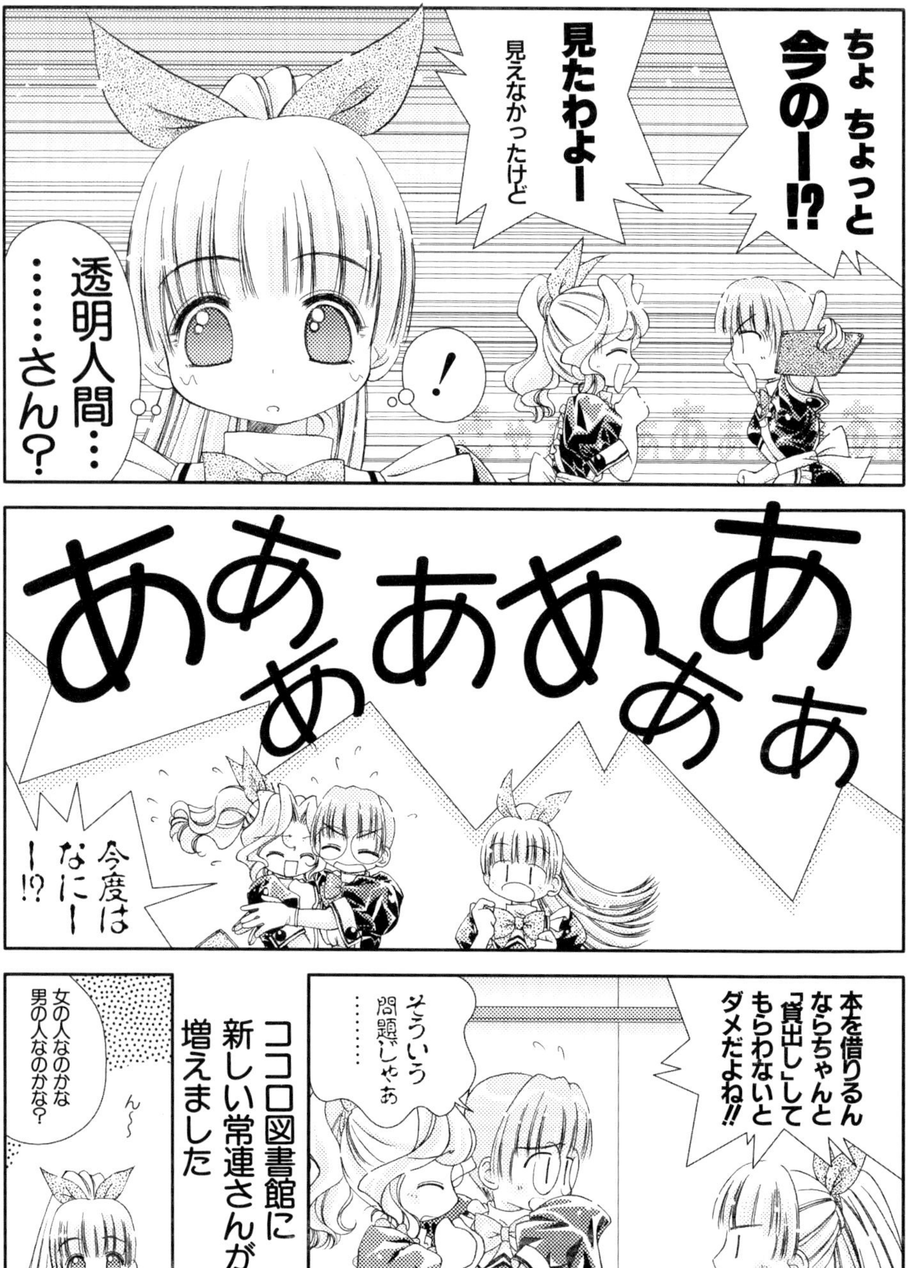
ちょ ちょっと
今のー!?
見たわよー
見えなかったけど
!
透明人間……
……さん?
あああああああああ
今度はなにーー!?
本を借りるんならちゃんと「貸出し」してもらわないとダメだよね!!
そういう問題じゃあ……
ココロ図書館に新しい常連さんが増えました
ん～
女の人なのかな男の人なのかな?

KOKORO LIBRARY

KoKoSho Perfection

kokoro

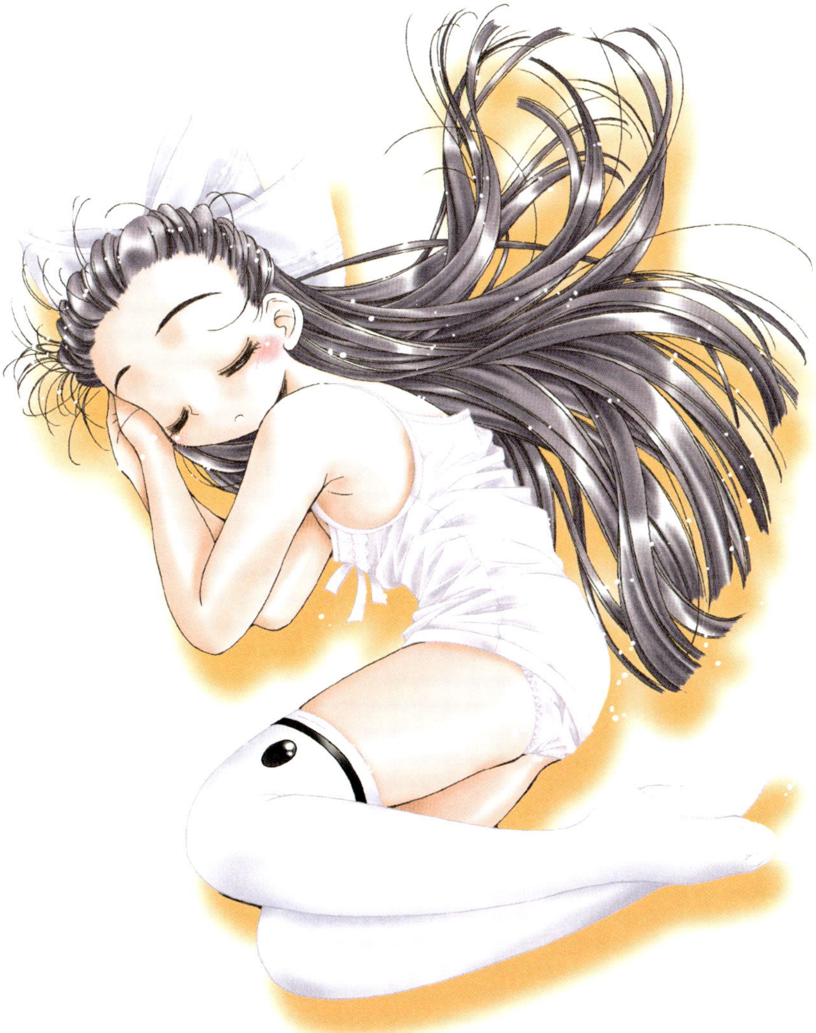

第13話

「end of the summer」

「ちっちゃな花火大会」

第14話

「give a present to KOKORO」

「ステキな絵」

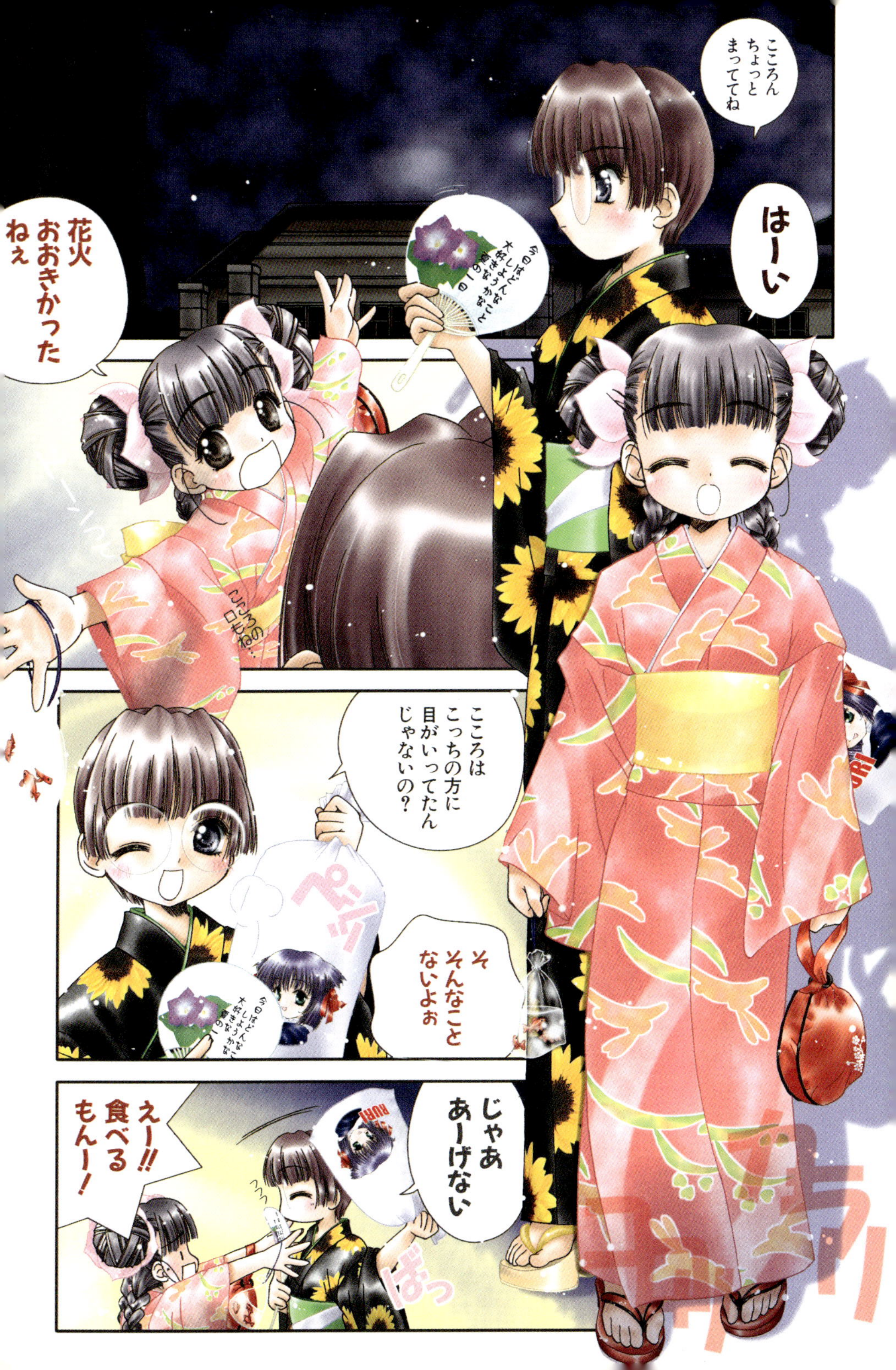
こころん ちょっと まっててね
はーい
花火 おおきかった ねぇ
こころの口もね…
こころは こっちの方に 目がいってたん じゃないの?
そ そんなこと ないよぉ
じゃあ あーげない
えー!! 食べる もんー!
ぼっ

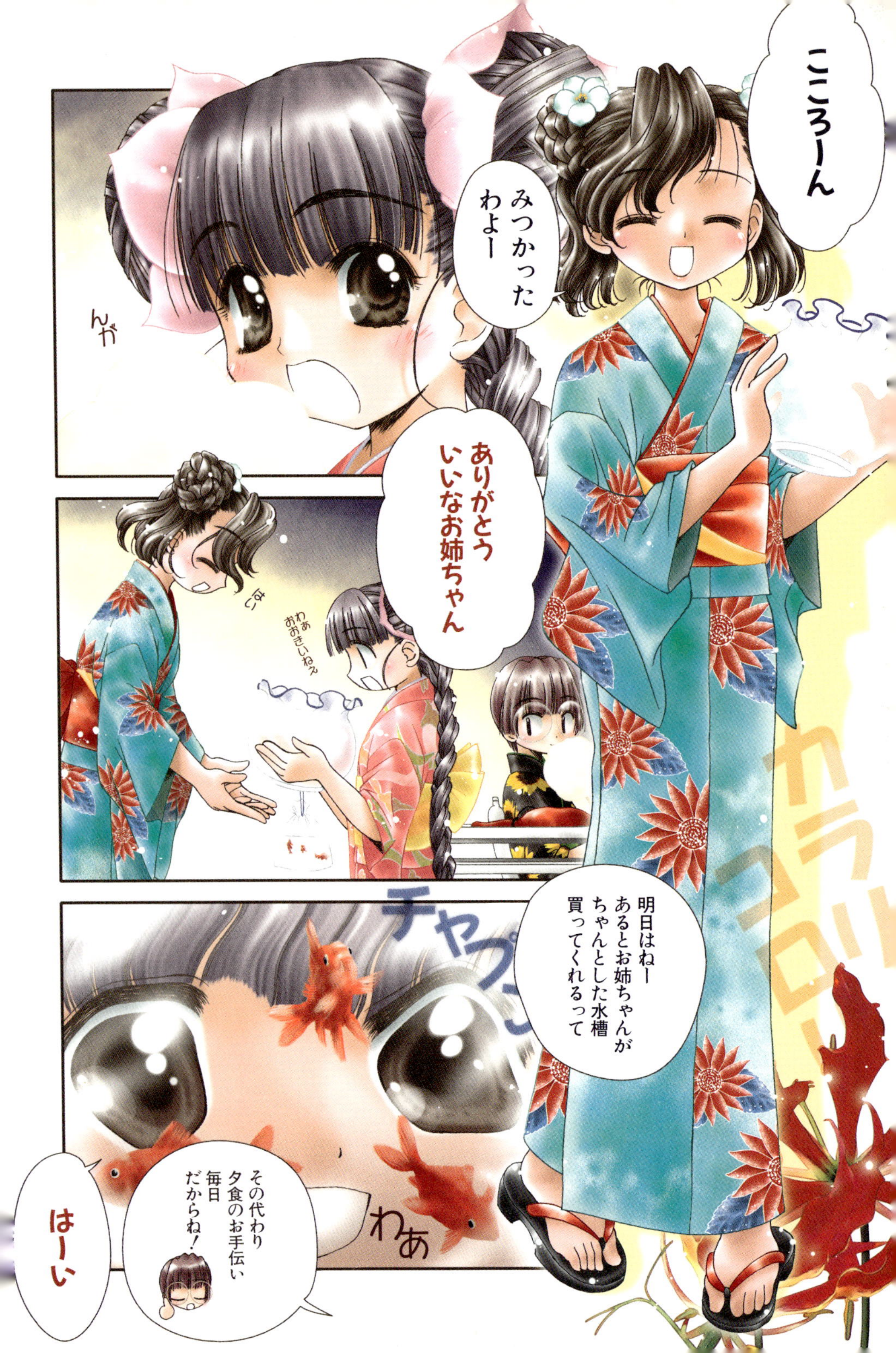
こころーん
みつかったわよー
んが
ありがとういいなお姉ちゃん
わぁ おおきいねぇ
明日はねー あるとお姉ちゃんが ちゃんとした水槽 買ってくれるって
その代わり 夕食のお手伝い 毎日 だからね!
はーい
わぁ

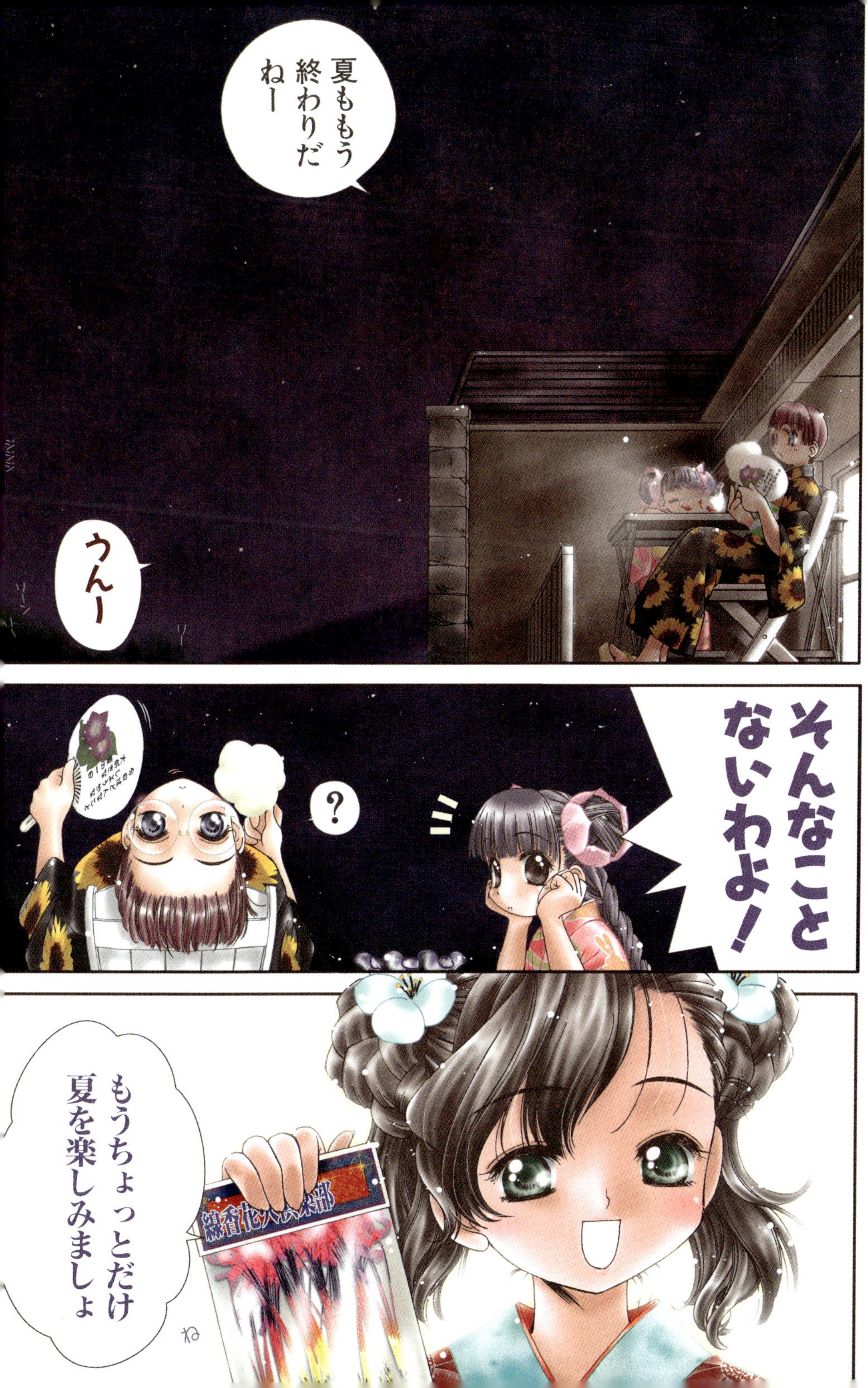
夏ももう終わりだねー
うんー
そんなことないわよ！
？
もうちょっとだけ夏を楽しみましょ
ね

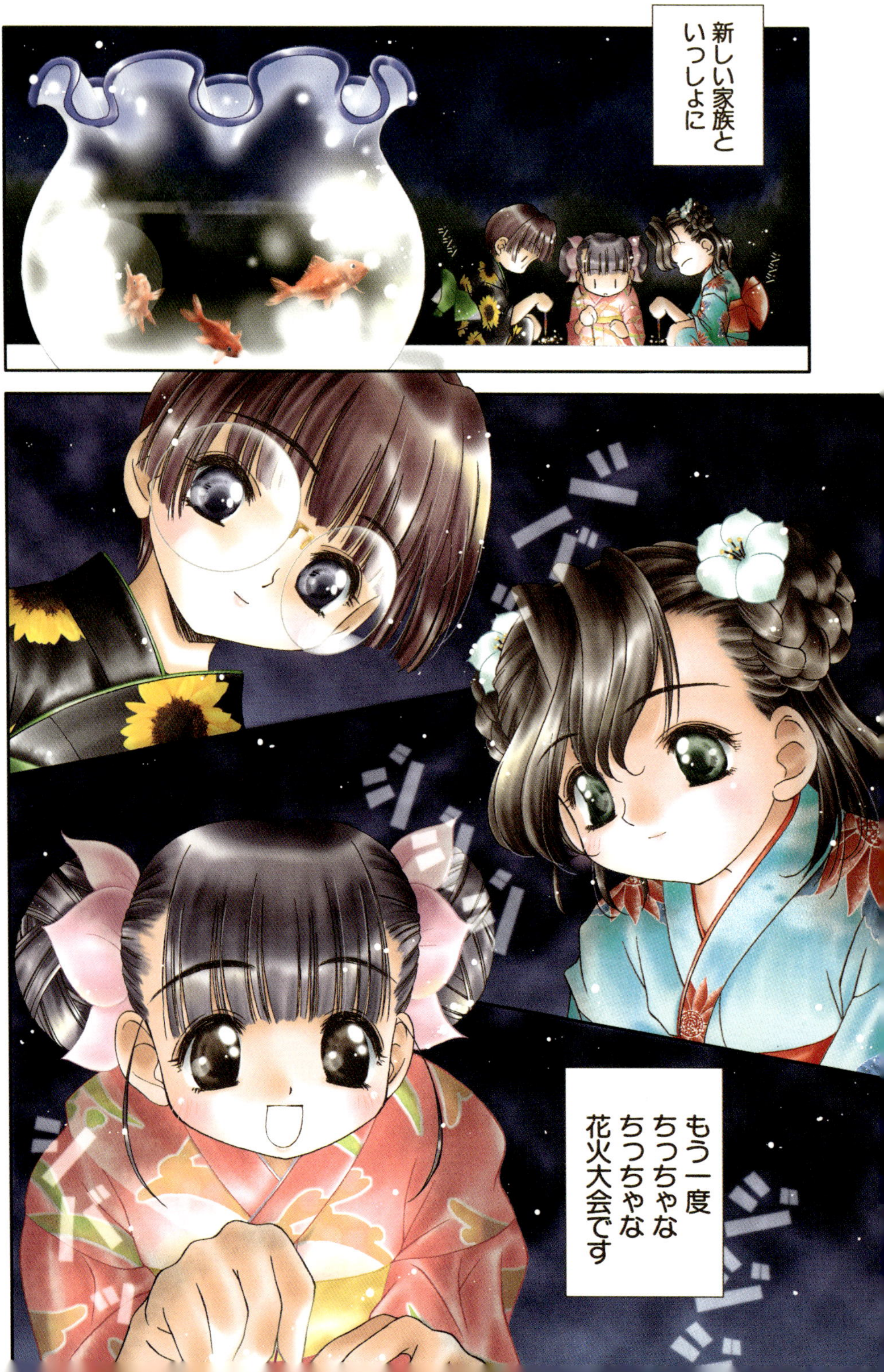
新しい家族と
いっしょに
もう一度
ちっちゃな
ちっちゃな
花火大会です

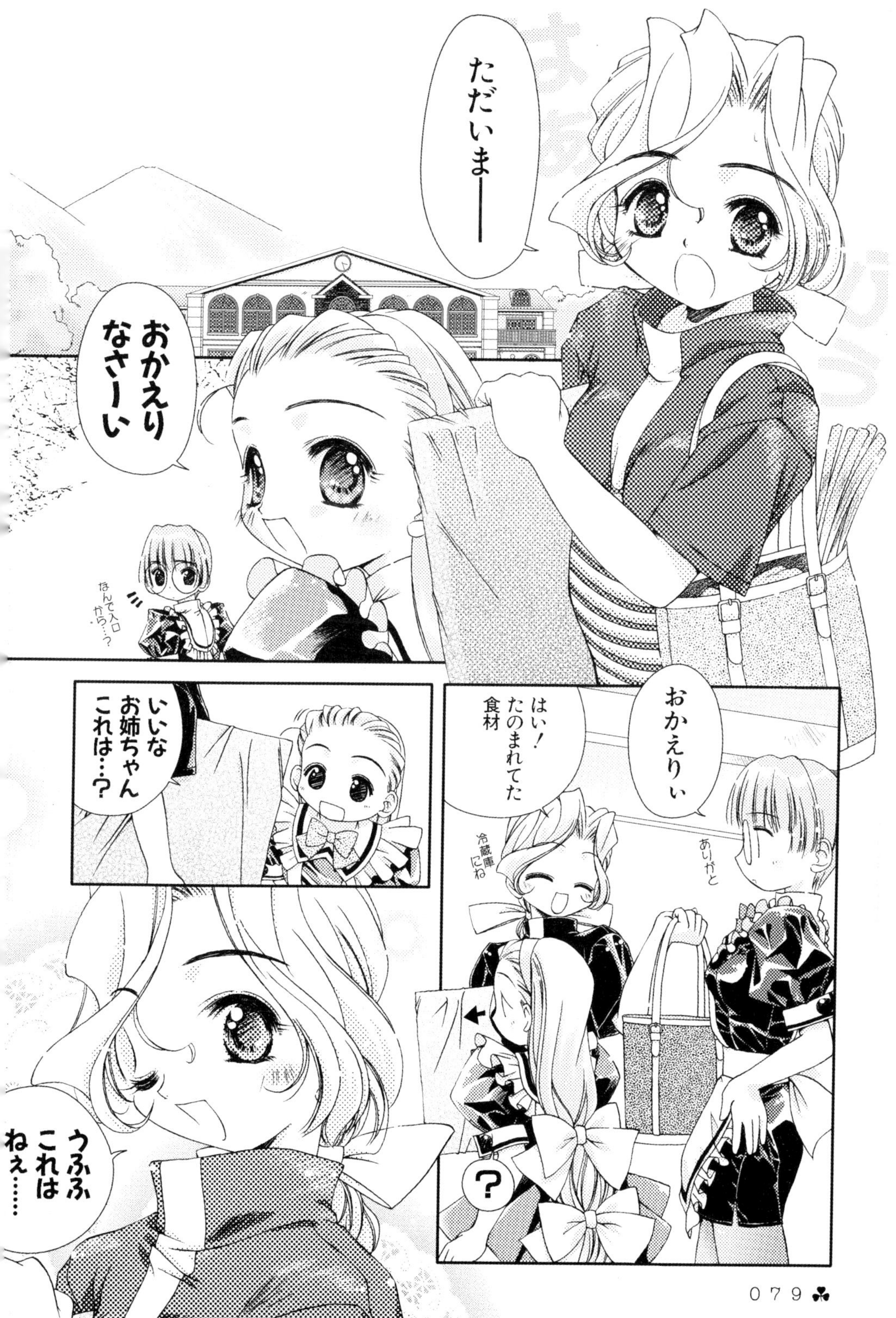
ただいまーー
おかえりなさーい
なんで入口から…?
おかえりぃ
はい! たのまれてた食材
冷蔵庫にね
ありがと
?
いいなお姉ちゃんこれは…?
うふふこれはねえ……

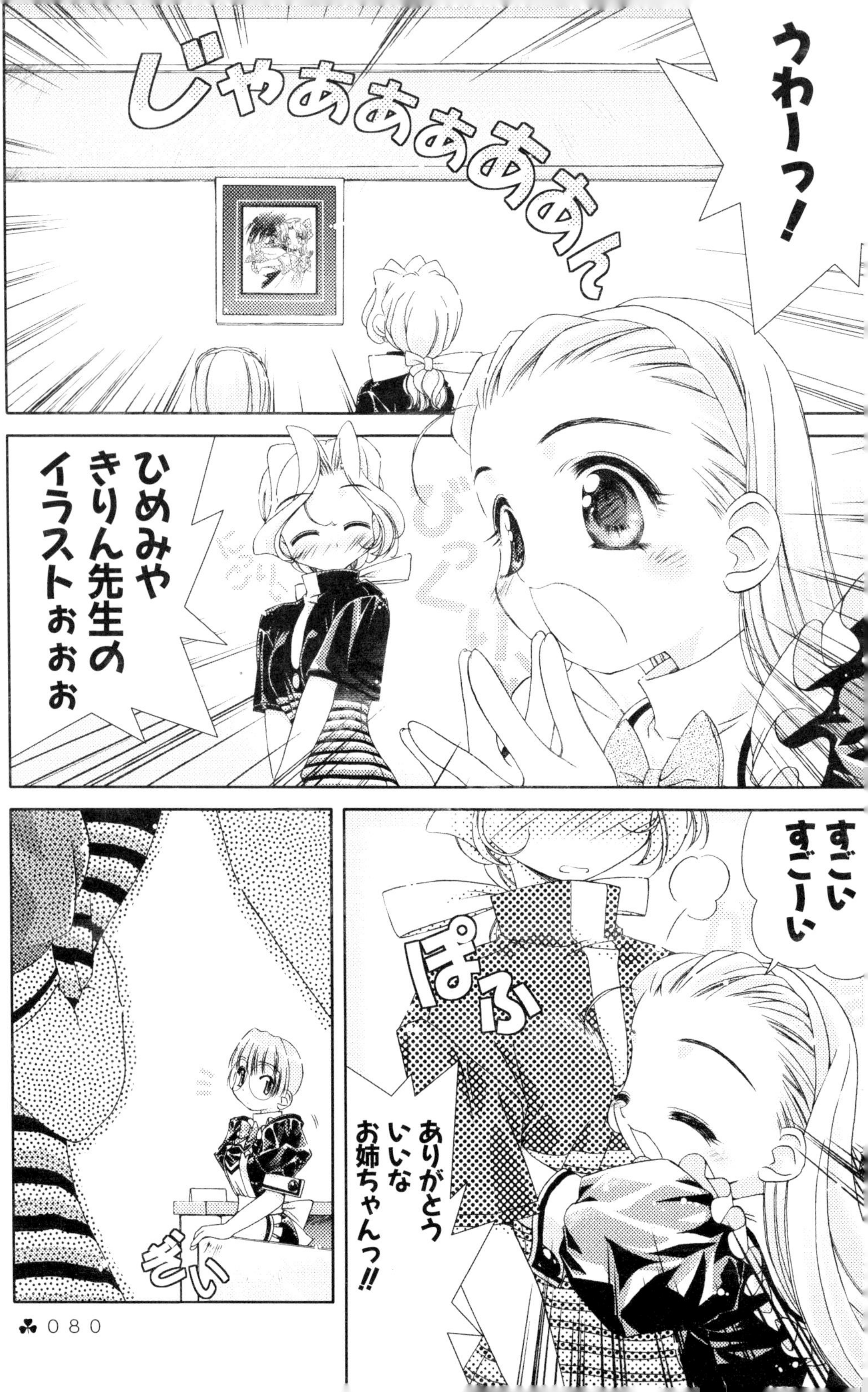
うわーっ!
じゃあああああん
ひめみや
きりん先生の
イラストぉぉぉ
すごい
すごーい
ぽふ
ありがとう
いいな
お姉ちゃんっ!!
ぎぃ

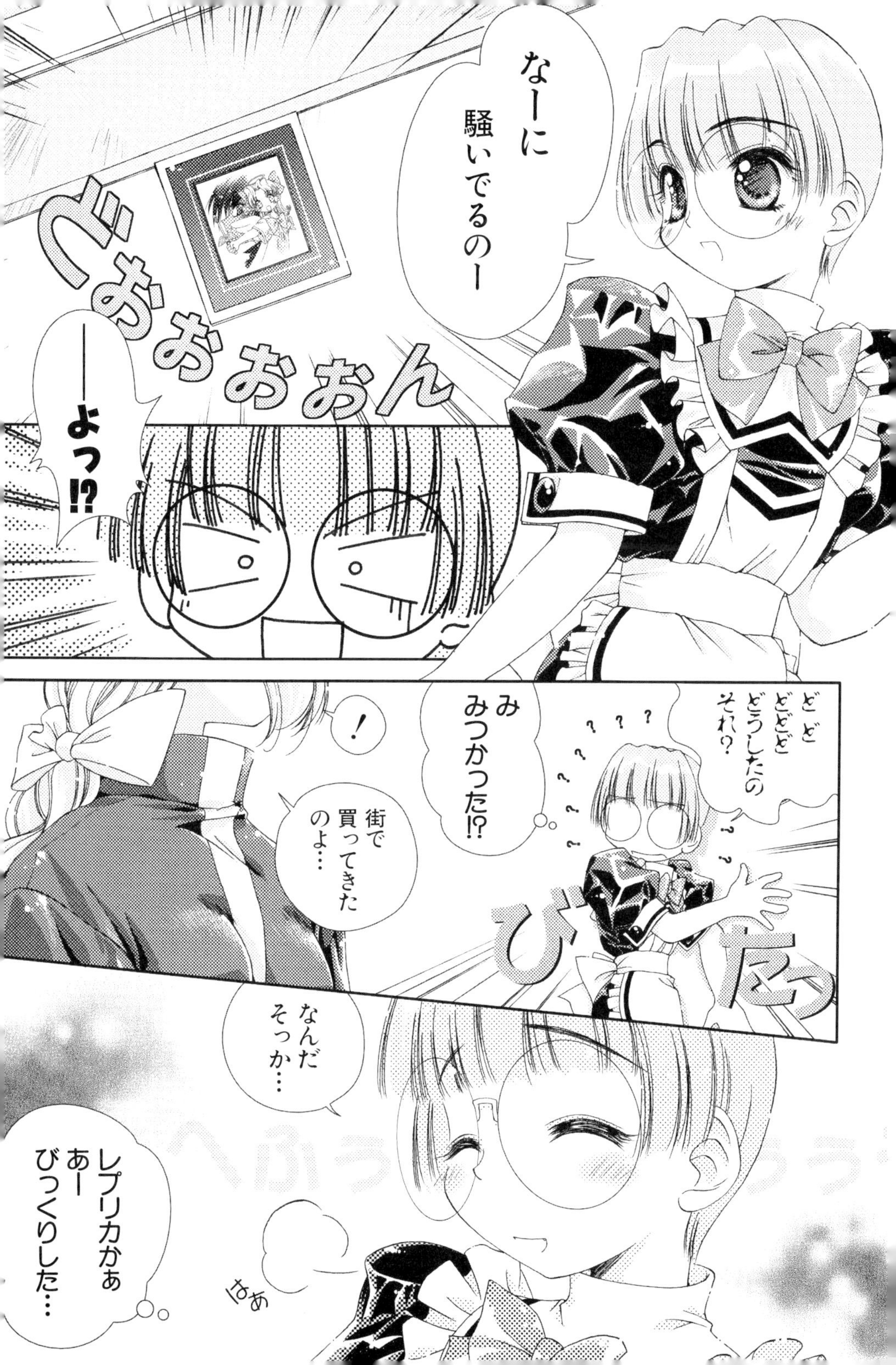
なーに
騒いでるのー
どおおぉおん
——よっ!?
どど どどど どうしたの それ?
み みつかった!?
!
街で 買ってきた のよ…
なんだ そっか…
レプリカかぁ あー びっくりした…
はぁ

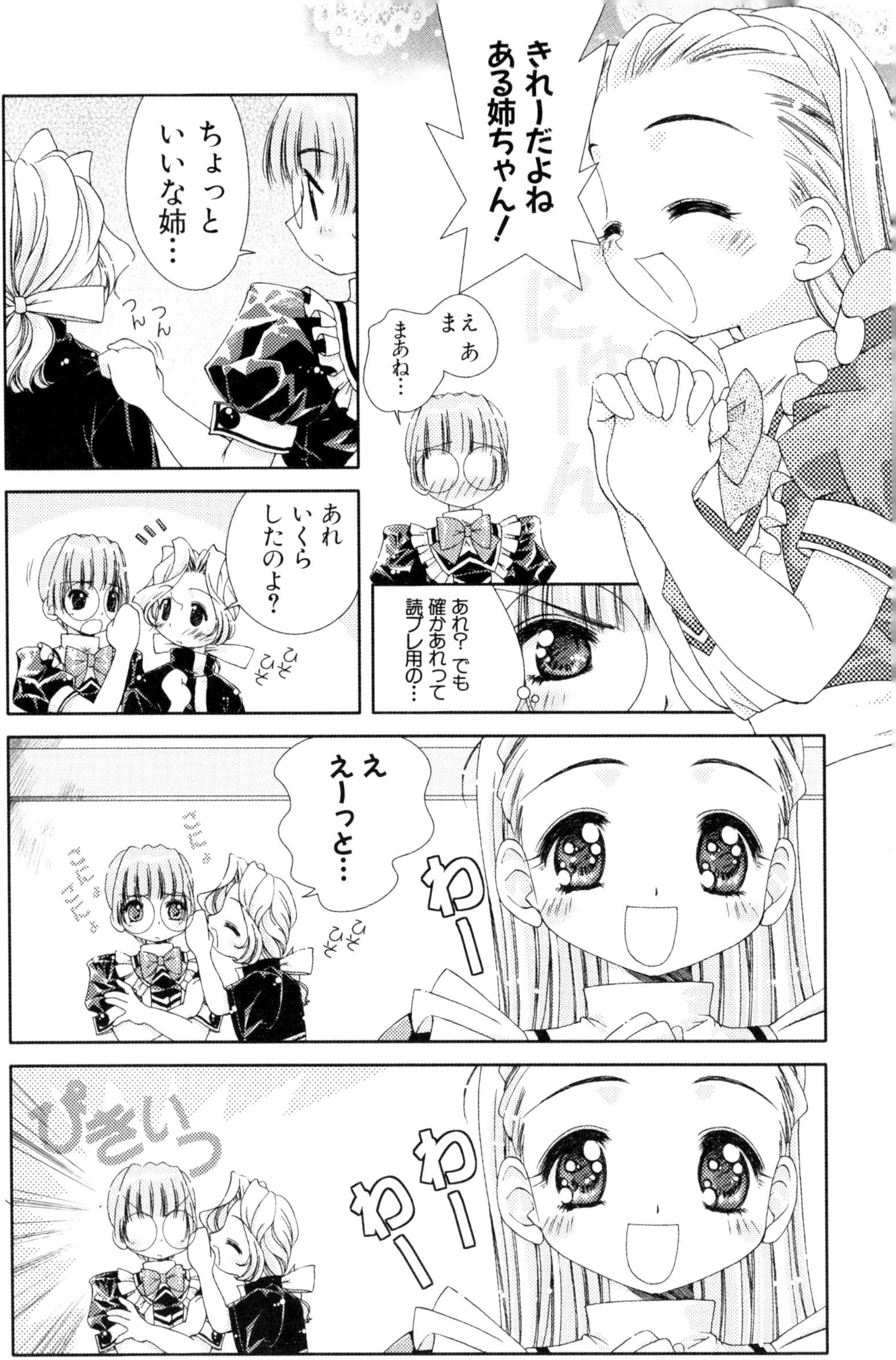
きれーだよね
ある姉ちゃん!
ぇぁ
まあね…
ちょっと
いいな姉…
つんつん
あれ? でも
確かあれって
読プレ用の…
あれ
いくら
したのよ?
ひそひそ
え
えーっと…
わー
ひそひそ
ごにょごにょ
わー
わー
ぴきぃっ

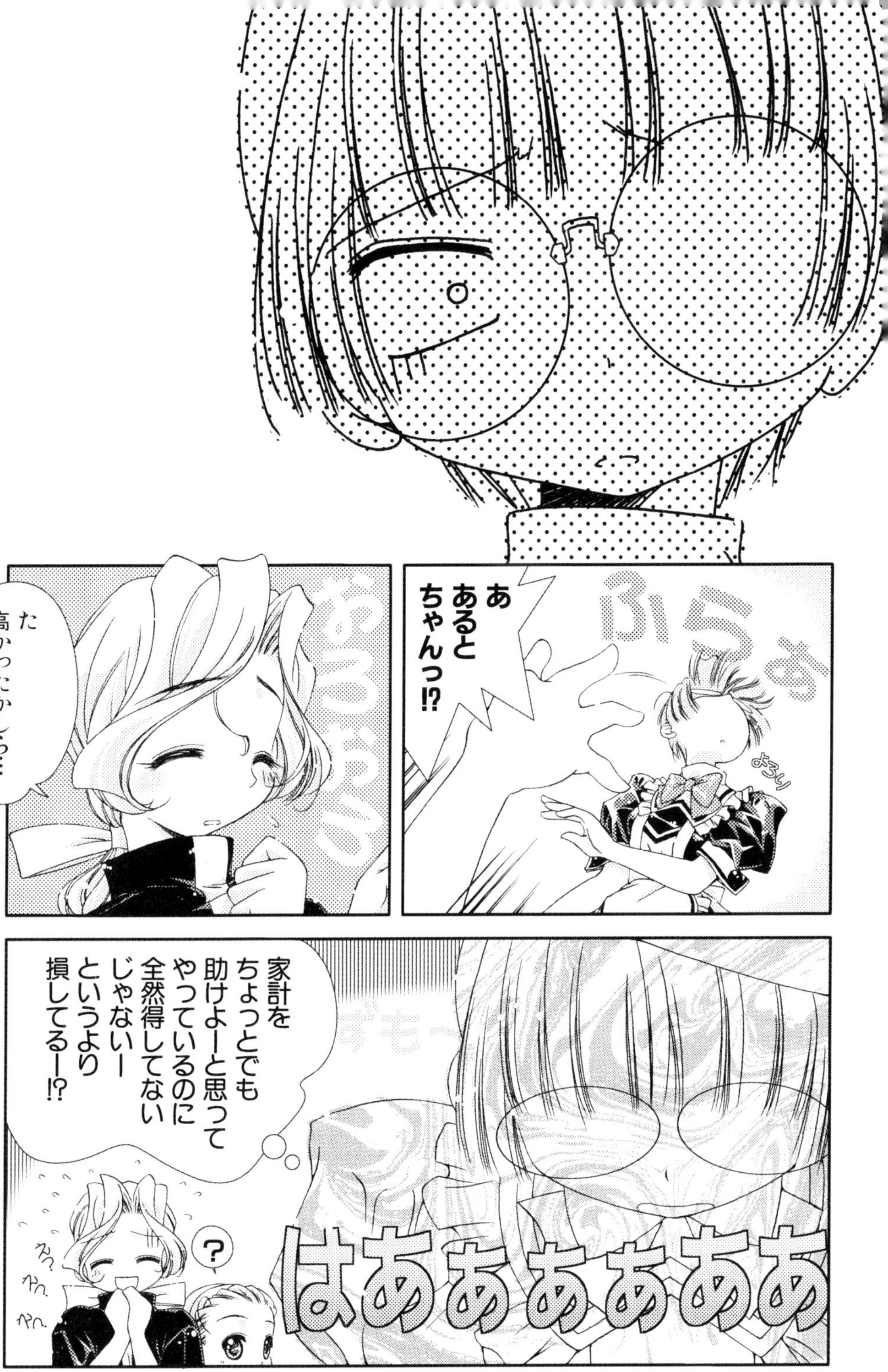
ぁ
あるとちゃんっ!?
ふらぁ
よろり
た
高かったかしら…
家計を
ちょっとでも
助けよーと思って
やっているのに
全然得してない
じゃないー
というより
損してるー!?
?
はあああああああ

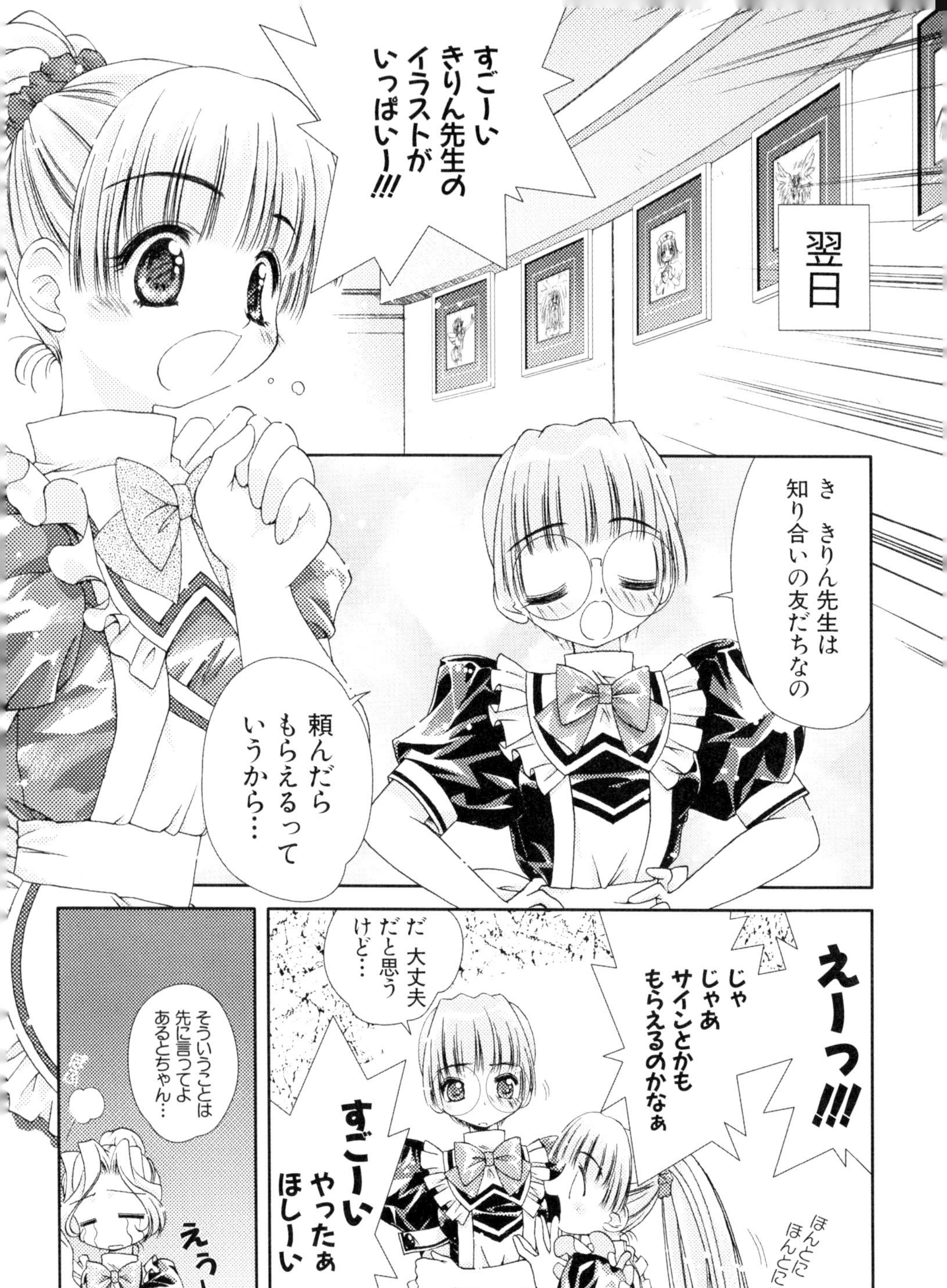
翌日
すごーい きりん先生のイラストがいっぱいー!!!
き きりん先生は知り合いの友だちなの
頼んだらもらえるっていうから…
えーっ!!!
じゃ じゃあ サインとかももらえるのかなぁ
ほんとに ほんとに!?
だ 大丈夫だと思うけど…
すごーい やったぁ ほしーい
そういうことは先に言ってよ あるとちゃん…
えぅー

KOKORO LIBRARY

KoKoSho Perfection

kokoro

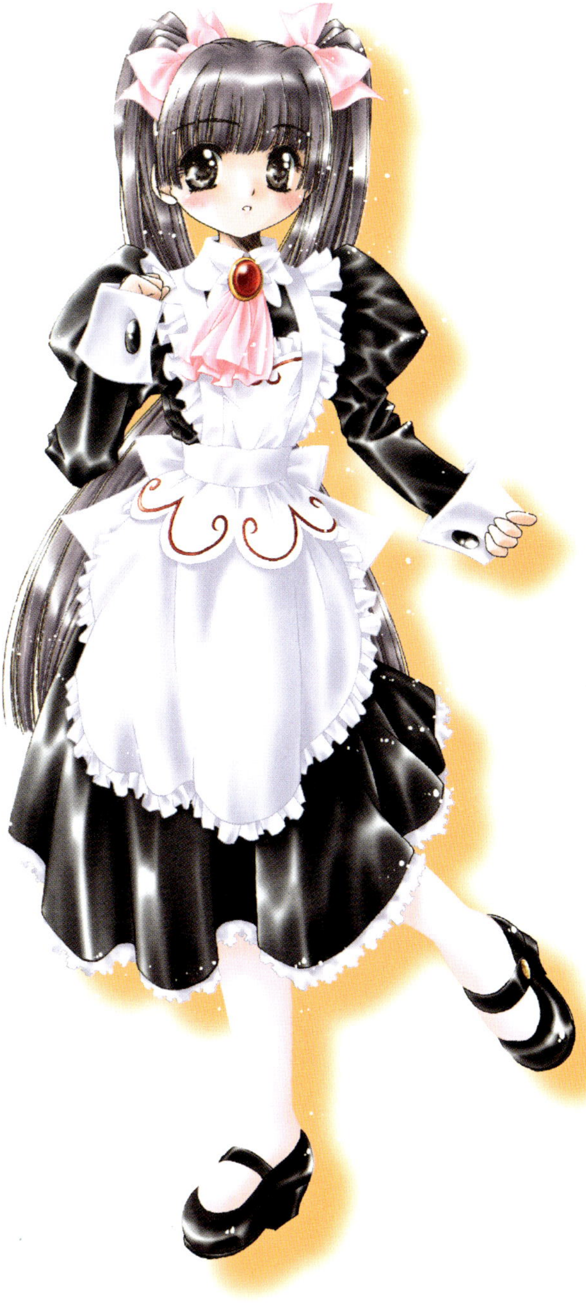

第15話

「bathroom sisters」

「たまには一緒に」

第16話

「books are traveling in the world」

「本は人の心を旅して巡る」

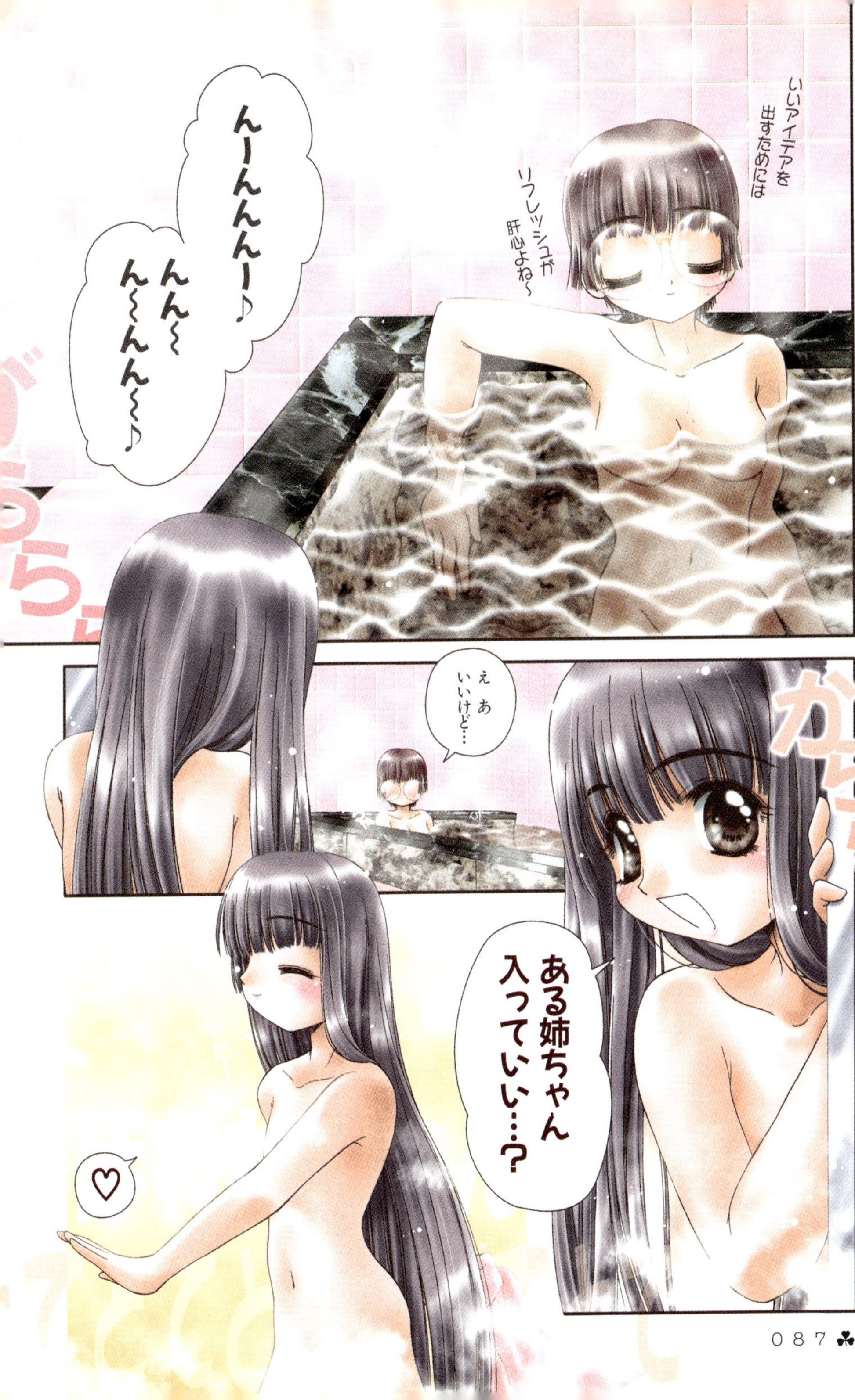

いいアイデアを出すためには
リフレッシュが肝心よね～
んーんんんー♪
んん～ん～んん～♪
がらら
がらら
ある姉ちゃん入っていい…？
え あ いいけど…
♡

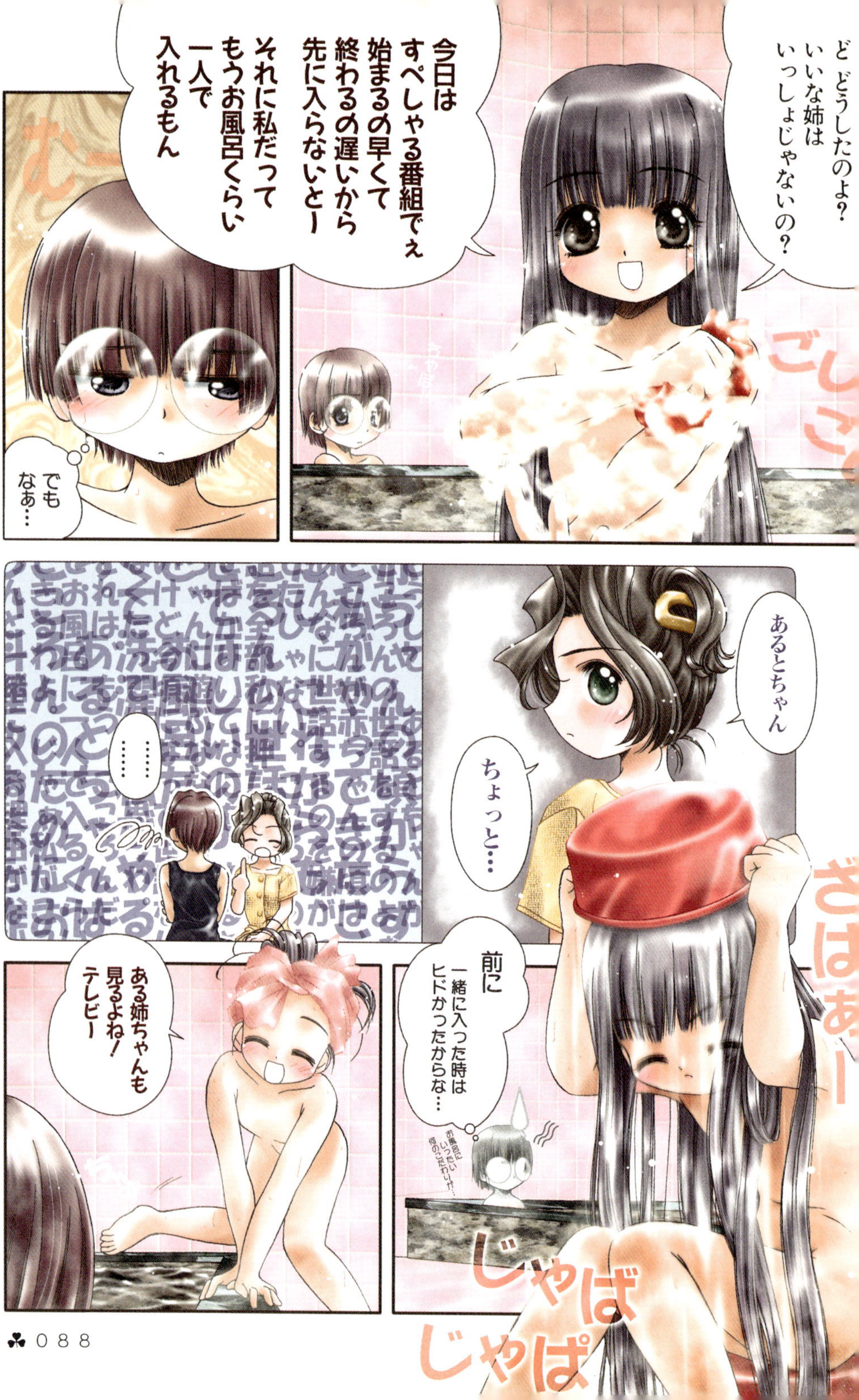

どどうしたのよ?
いいな姉は いっしょじゃないの?
ごしご
今日は すぺしゃる番組でぇ 始まるの早くて 終わるの遅いから 先に入らないとー
それに私だって もうお風呂くらい 一人で 入れるもん
むー
でも なあ…
あるとちゃん
ちょっと…
ざばぁー
……
前に 一緒に入った時は ヒドかったからな…
お風呂に いったい 何のこだわりが…
じゃばじゃぱ
ある姉ちゃんも 見るよね! テレビー

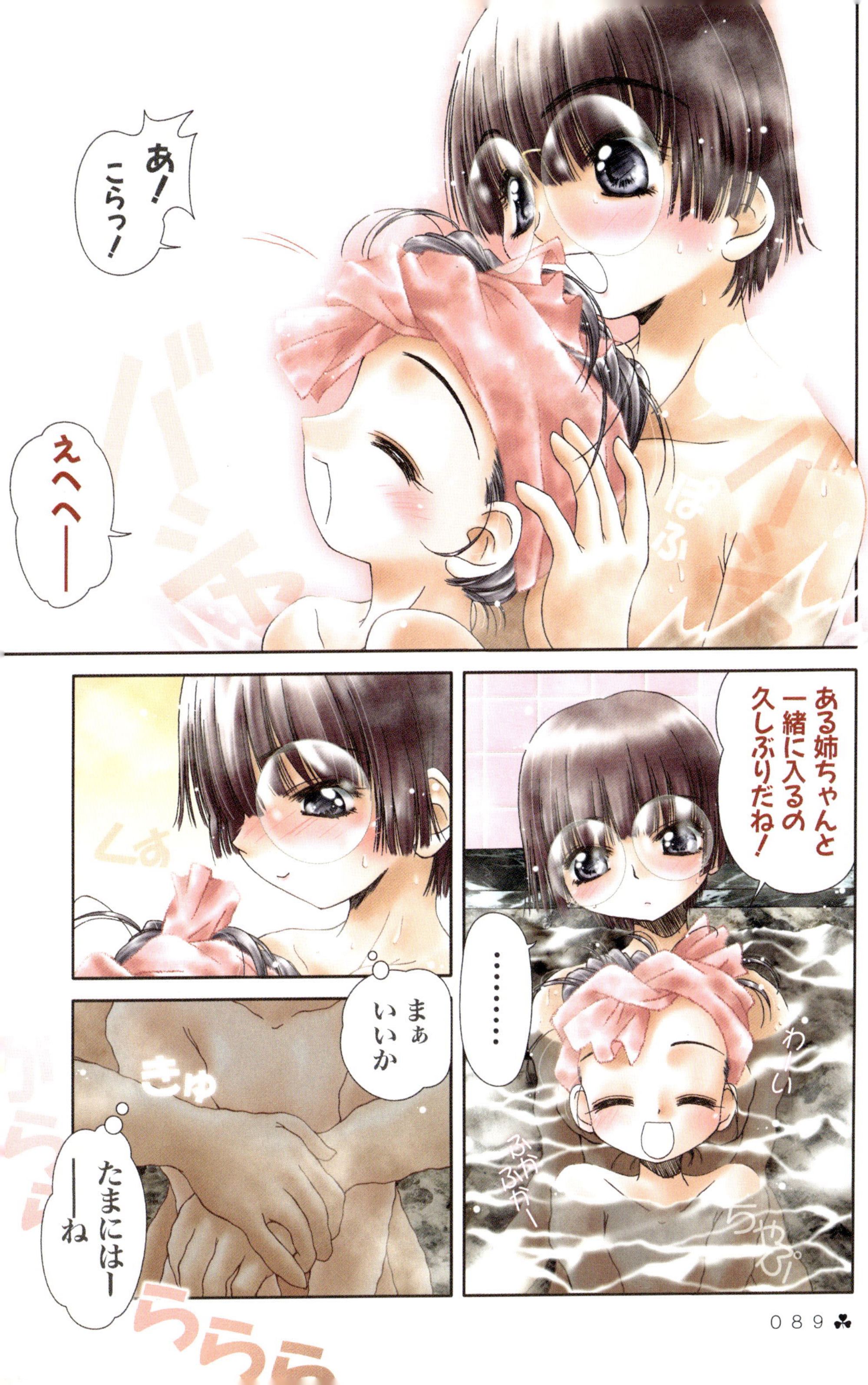

あ！
こらっ！
えへへーー
ぱふ
ある姉ちゃんと一緒に入るの久しぶりだね！
……
わーい
ふかぶかー
ちゃぷ
くす
まぁいいか
きゅ
たまにはーーーね
ららら

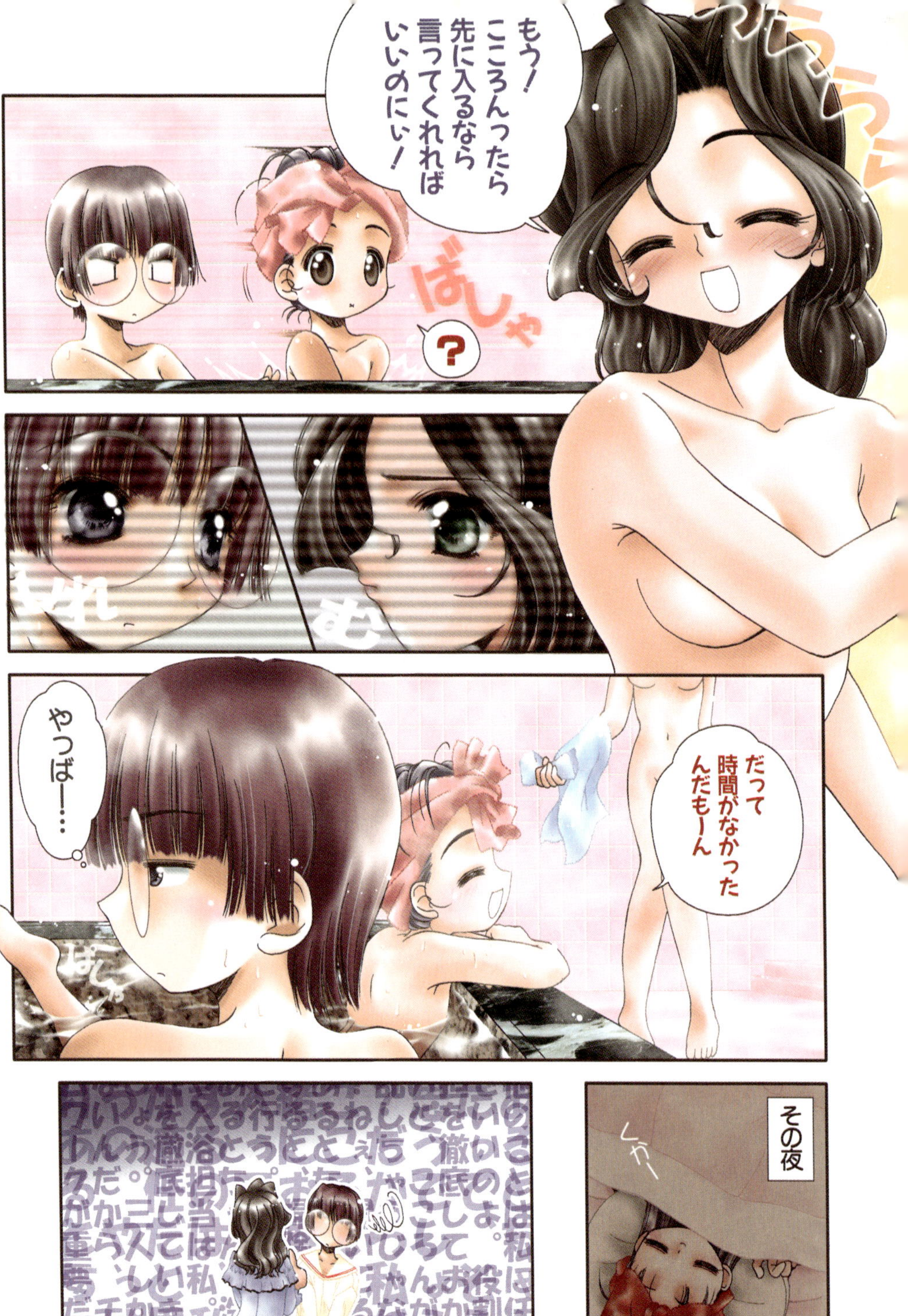
もう！
こころんったら
先に入るなら
言ってくれれば
いいのにぃ！
ばしゃ
？
だって
時間がなかった
んだも～ん
やっぱ━…
その夜

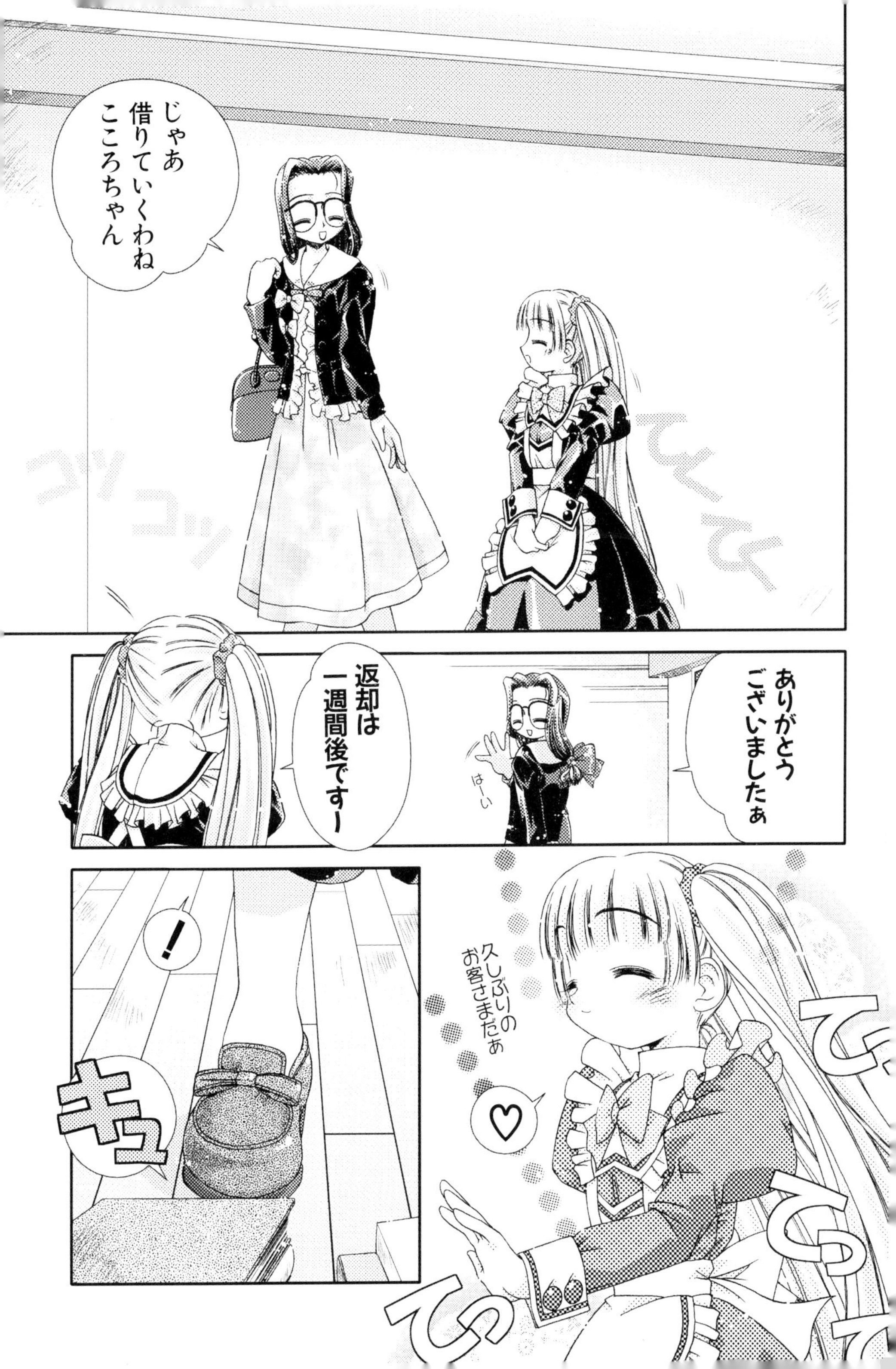
じゃあ借りていくわね こころちゃん
てくてく
コツコツ
ありがとうございましたぁ
はーい
返却は一週間後ですー
久しぶりのお客さまだぁ
♡
てってってっ
!
キュ

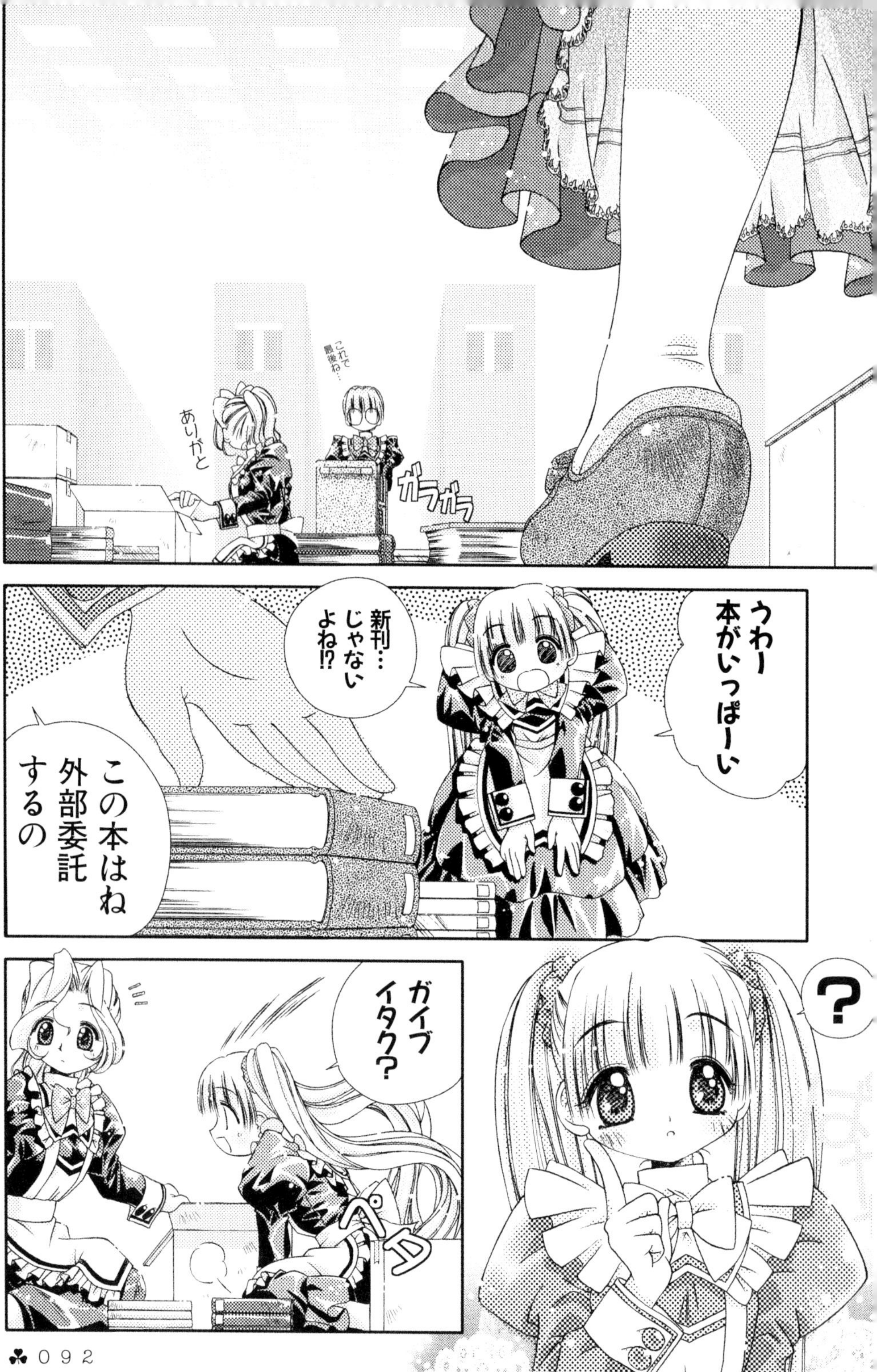
これで最後ね…
ありがと
ガラガラ
うわー本がいっぱーい
新刊…じゃないよね!?
この本はね外部委託するの
?
ガイブイタク?
ペタ

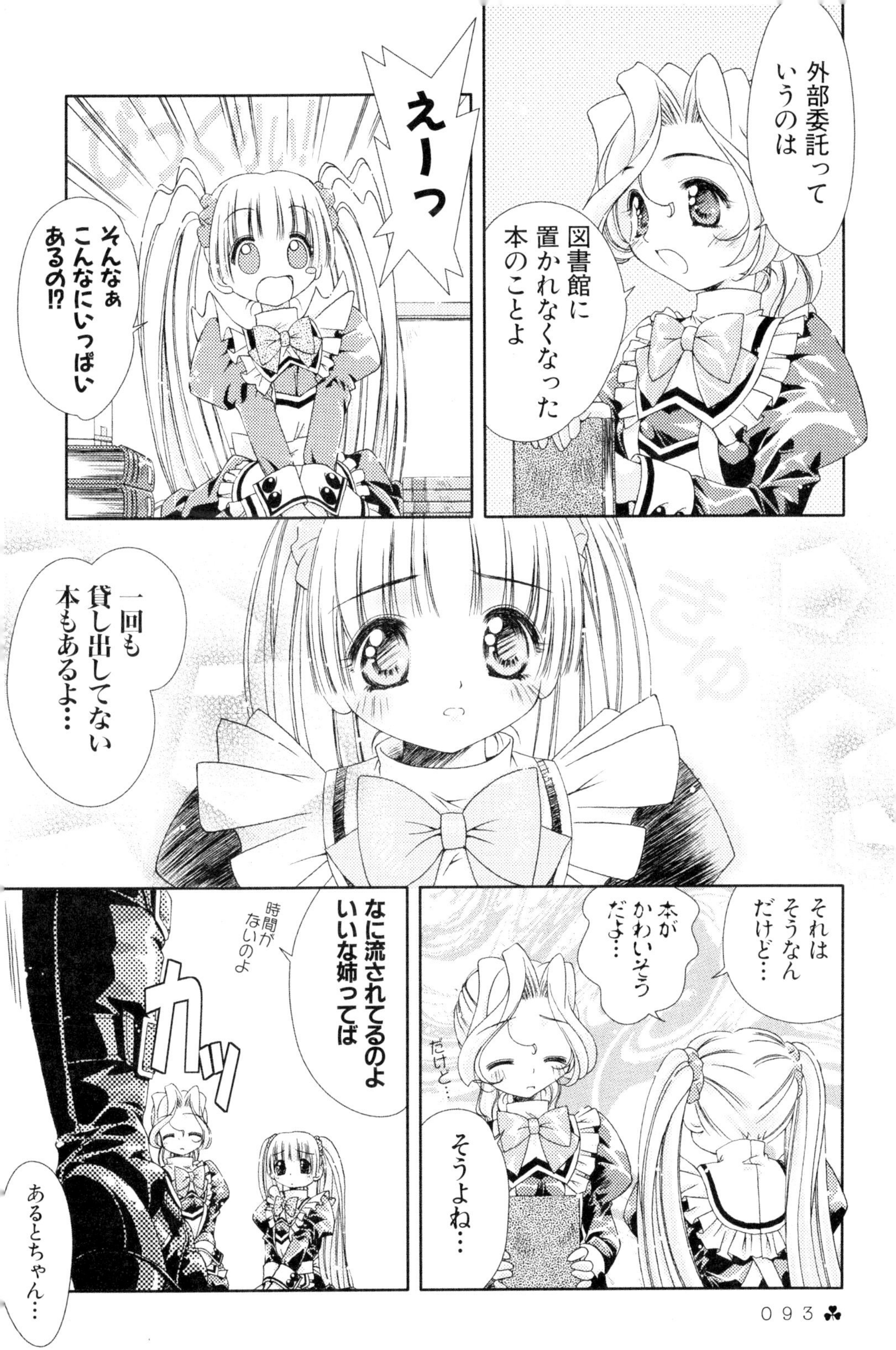
外部委託っていうのは
図書館に置かれなくなった本のことよ
えーっ
そんなぁこんなにいっぱいあるの!?
一回も貸し出してない本もあるよ…
それはそうなんだけど…
本がかわいそうだよ…
だけど…
そうよね…
なに流されてるのよ いいな姉ってば
時間がないのよ
カッ
あるとちゃん…

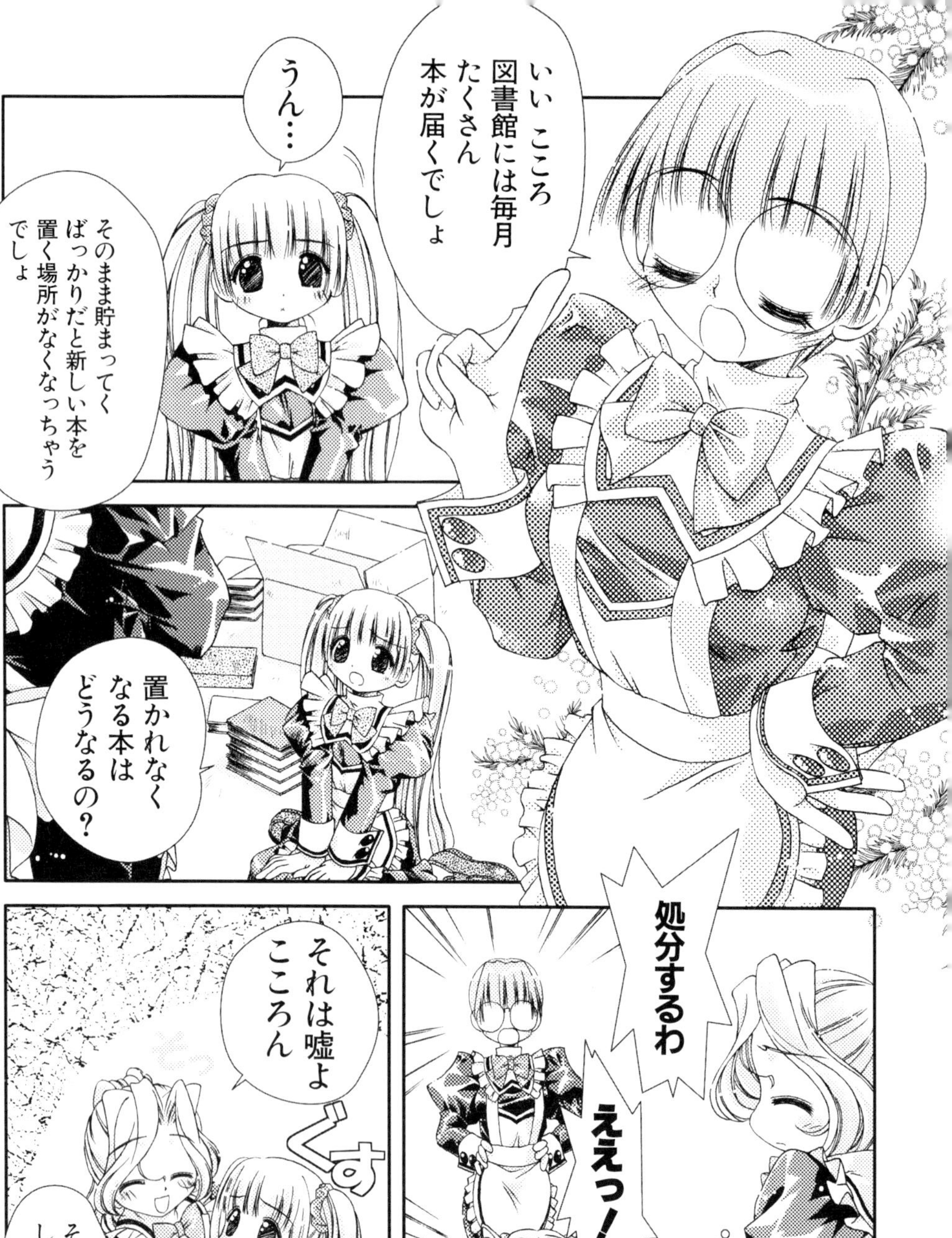
いいこころ 図書館には毎月 たくさん 本が届くでしょ
うん…
そのまま貯まってく ばっかりだと新しい本を 置く場所がなくなっちゃう でしょ
置かれなくなる本は どうなるの?
処分するわ
ええっ!
ちょっと あるとちゃん ってば
それは嘘よ こころん
ぐす
そんな事 したりしないから
え?

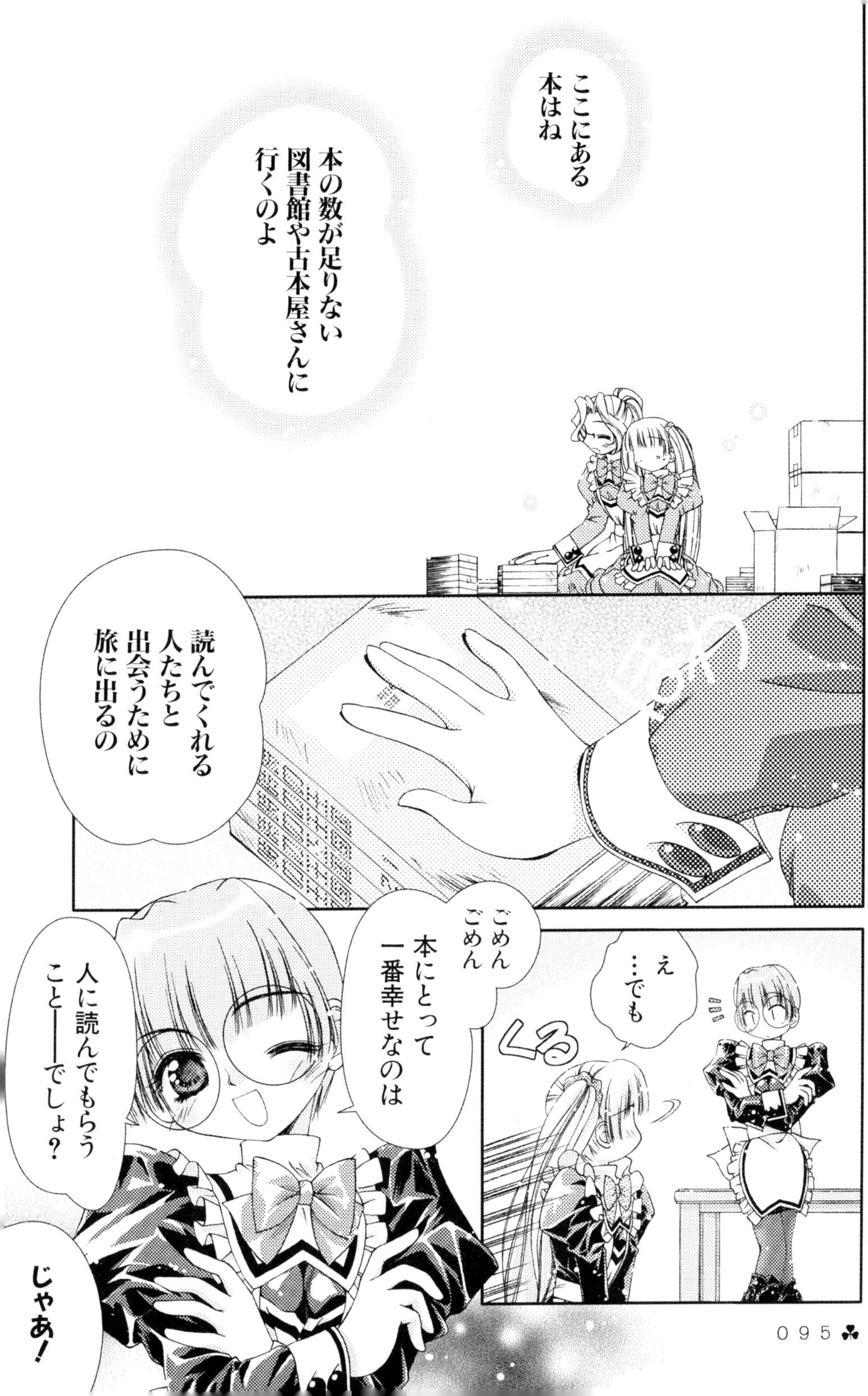
ここにある
本はね
本の数が足りない
図書館や古本屋さんに
行くのよ
読んでくれる
人たちと
出会うために
旅に出るの
え
…でも
くる
ごめん
ごめん
本にとって
一番幸せなのは
人に読んでもらう
こと――でしょ？
じゃあ！

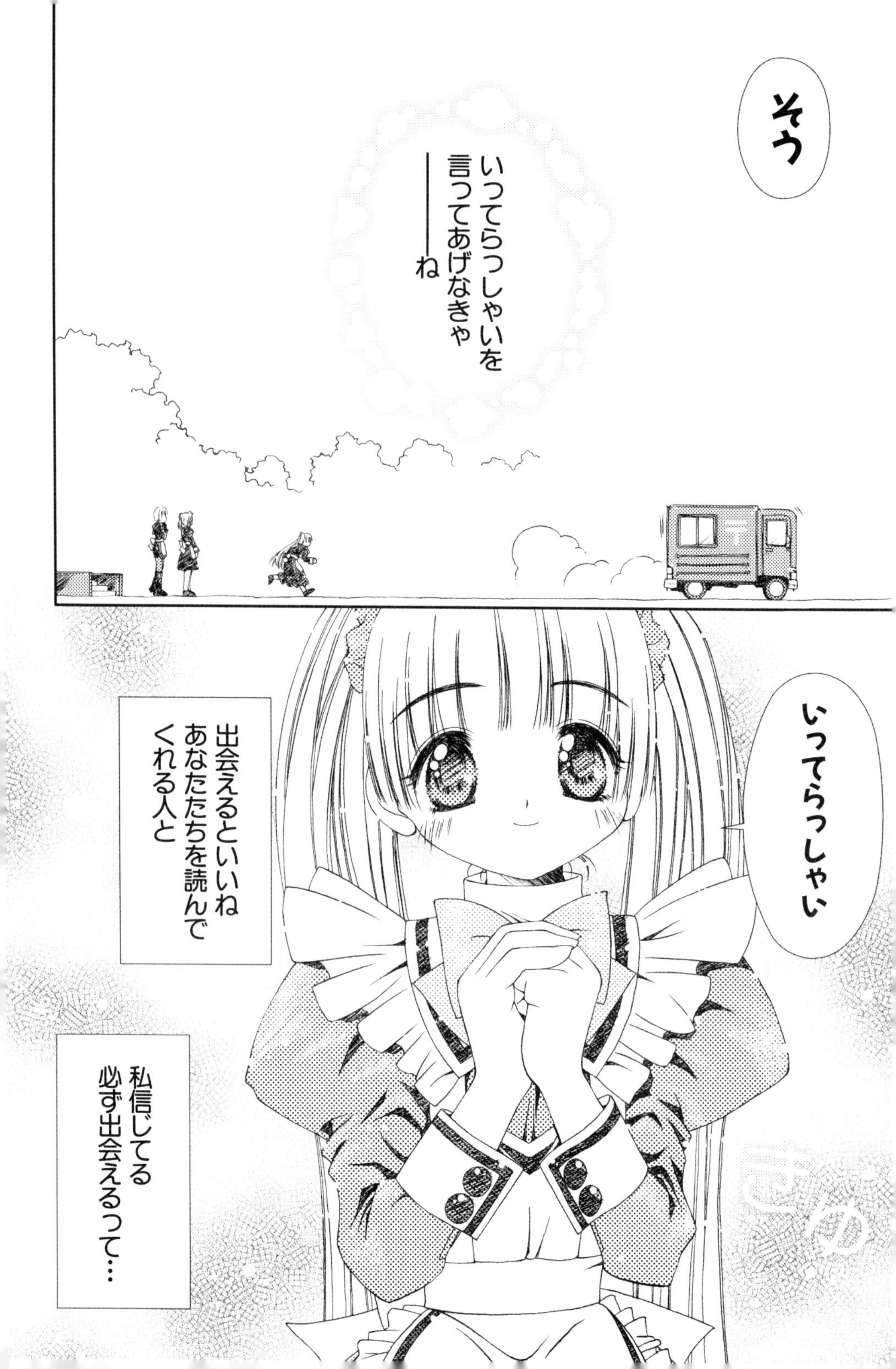
そう
いってらっしゃいを言ってあげなきゃ——ね
いってらっしゃい
出会えるといいね
あなたたちを読んで
くれる人と
私信じてる
必ず出会えるって…

KOKORO LIBRARY

KoKoSho Perfection

kokoro

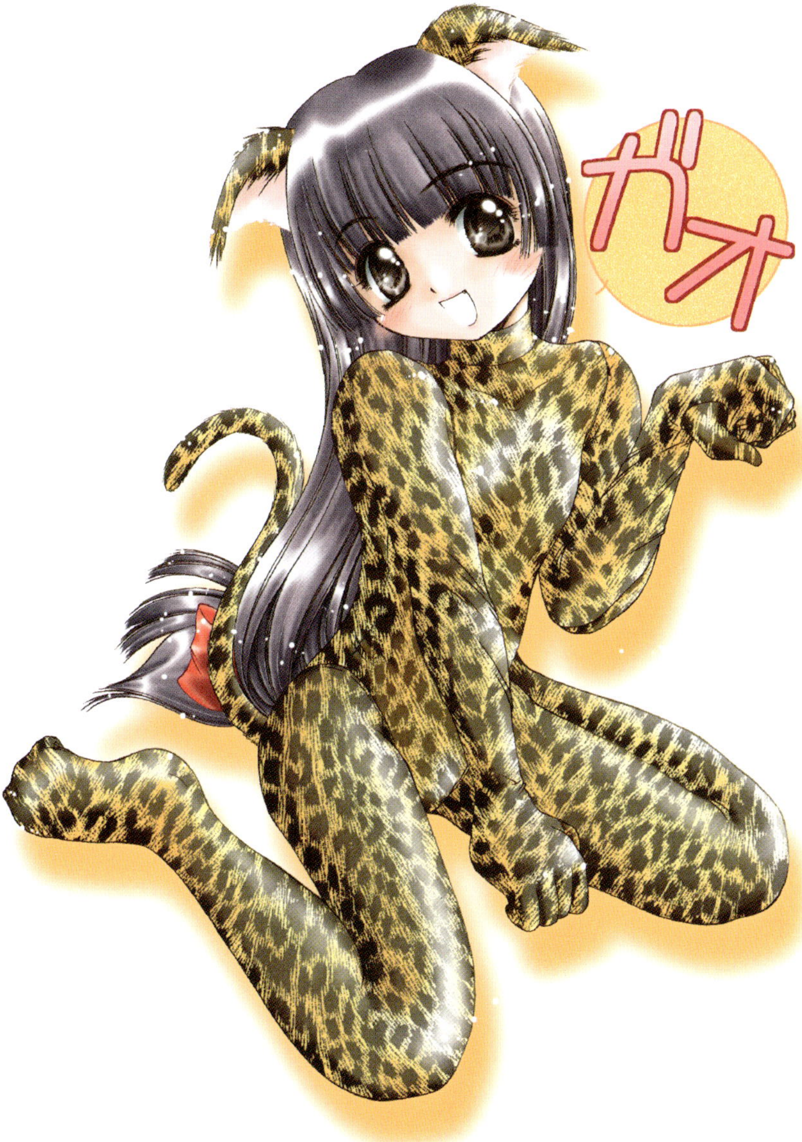

第17話

「SantaClaus librarian」

「一晩だけのサンタクロース」

第18話

「prescription for kisses」

「おまじない」

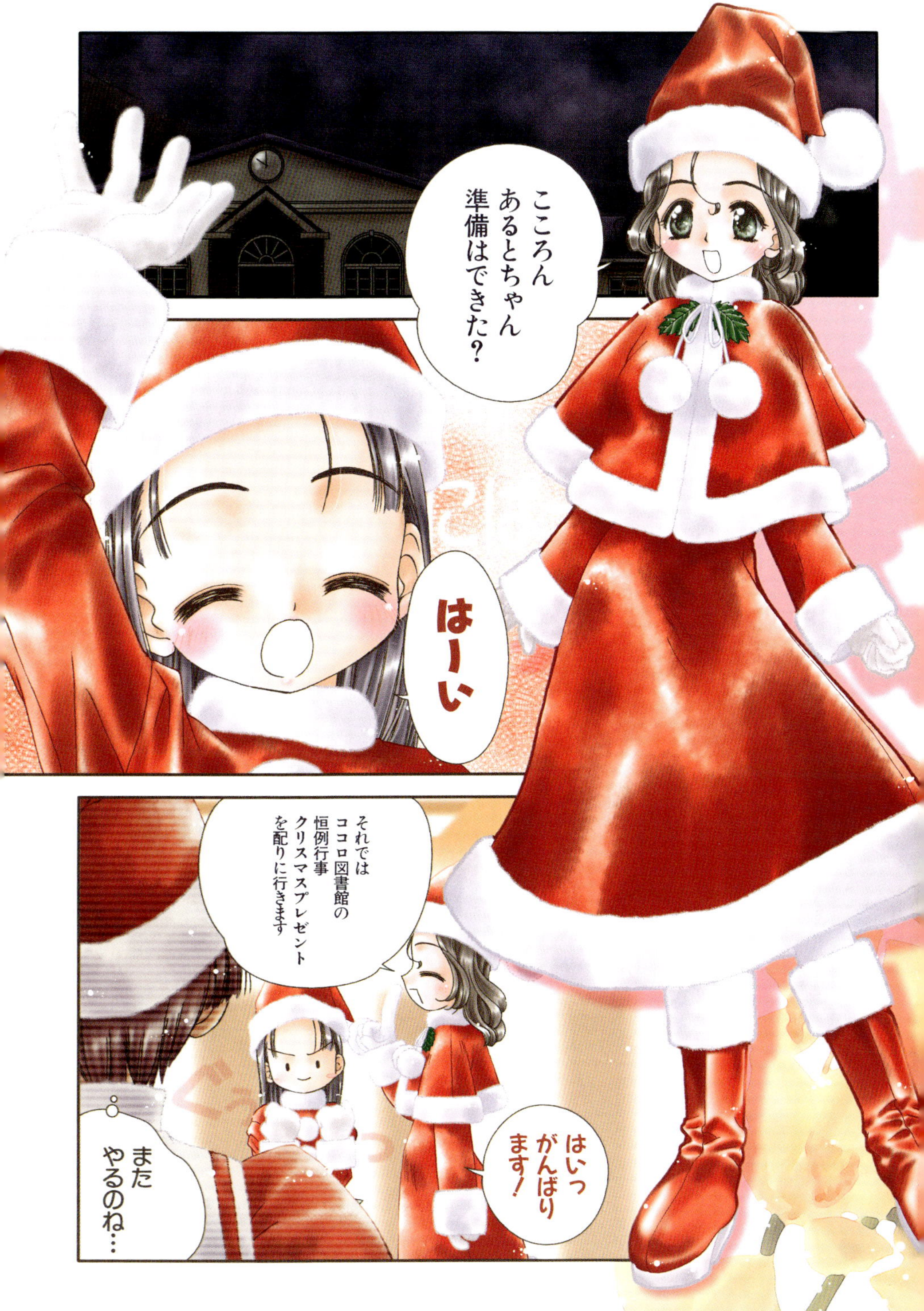
こころん
あるとちゃん
準備はできた?
はーい
それでは
ココロ図書館の
恒例行事
クリスマスプレゼント
を配りに行きます
はいっ
がんばり
ます!
また
やるのね…

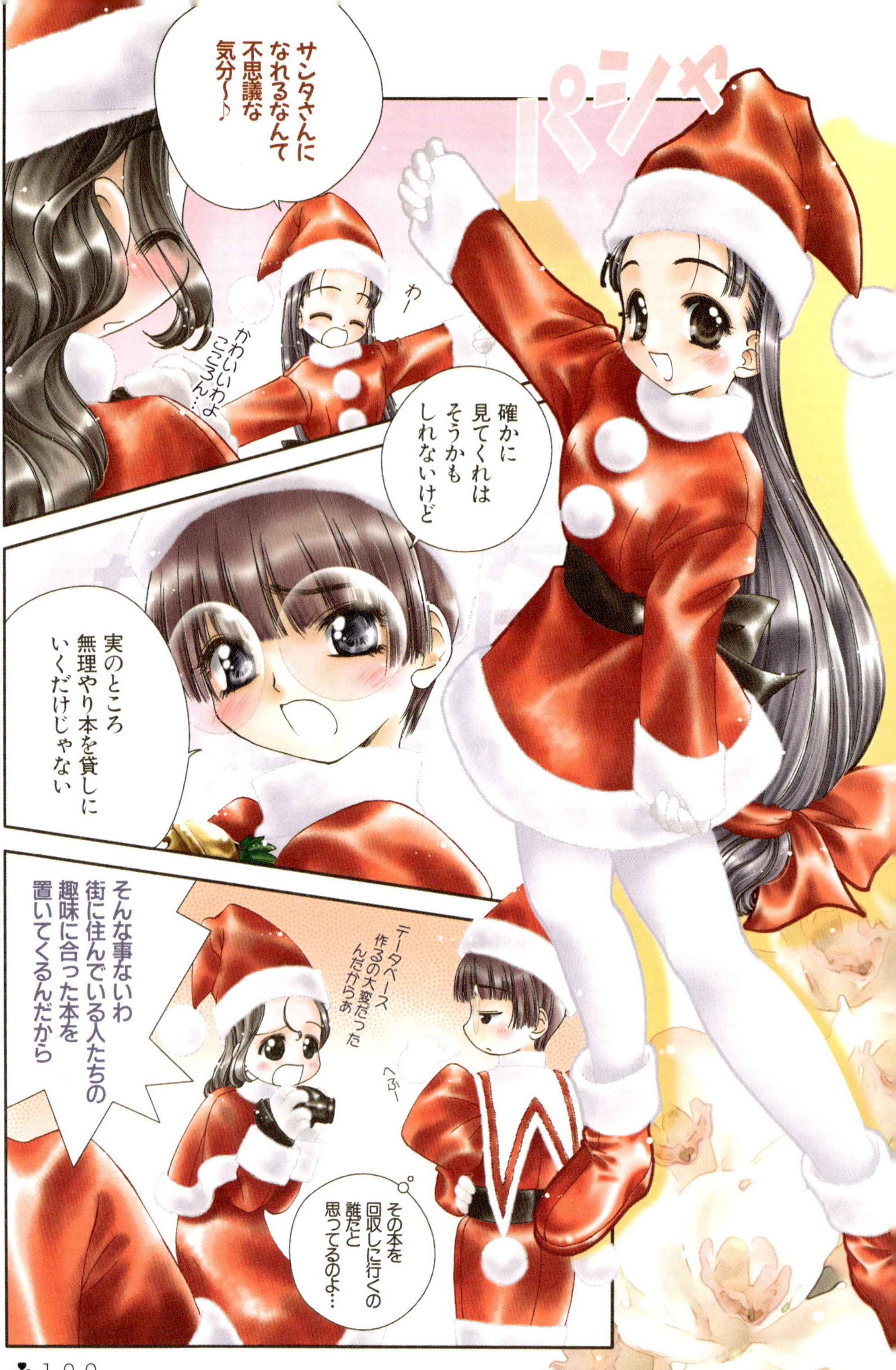
パシャ
サンタさんになれるなんて不思議な気分～♪
わー
かわいいわよこころん…
確かに見てくれはそうかもしれないけど
実のところ無理やり本を貸しにいくだけじゃない
そんな事ないわ街に住んでいる人たちの趣味に合った本を置いてくるんだから
データベース作るの大変だったんだからぁ
へふー
その本を回収しに行くの誰だと思ってるのよ…

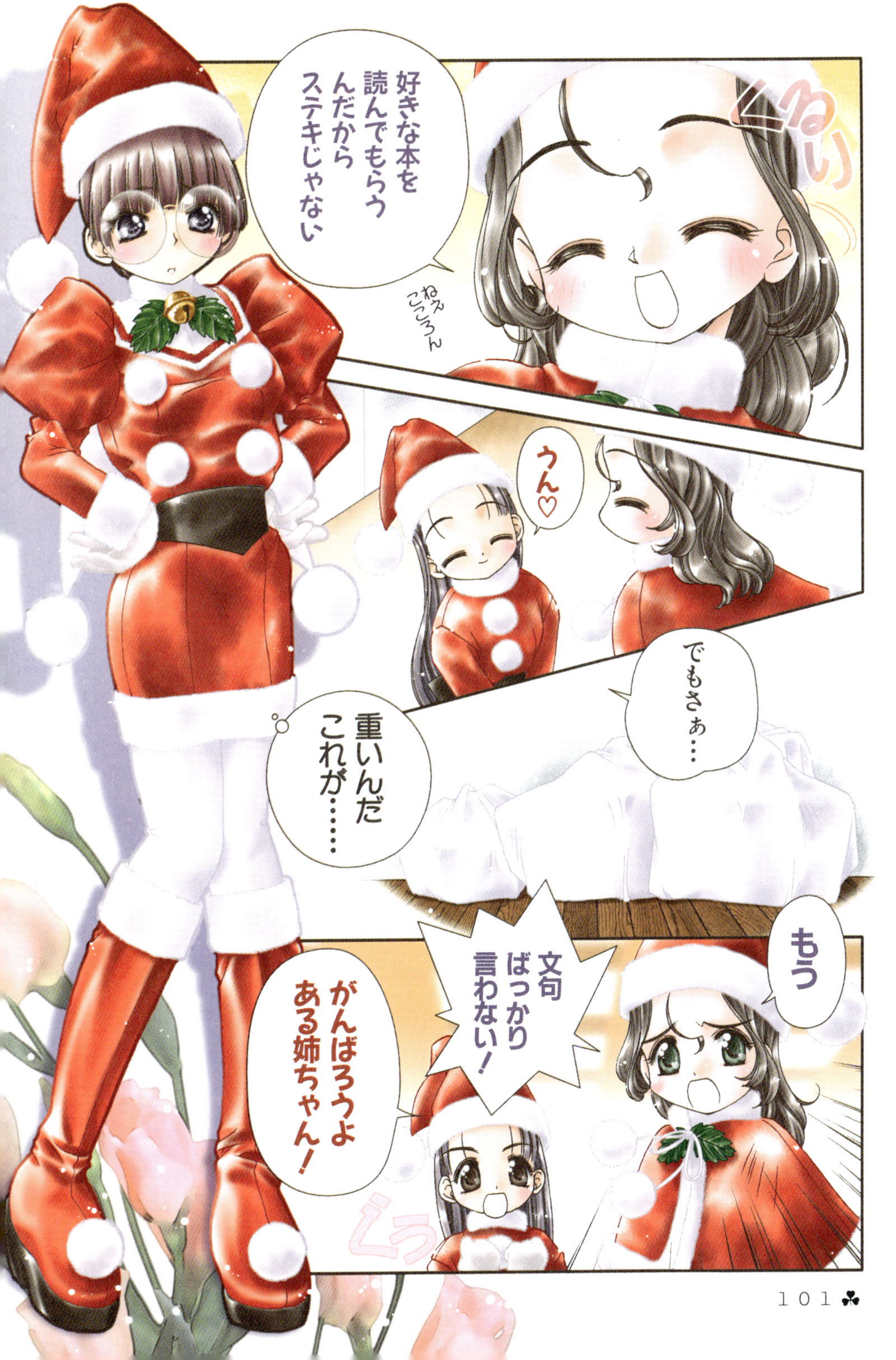

くねり
好きな本を読んでもらうんだからステキじゃない
ねぇ こころん
うん♡
でもさぁ…
重いんだ これが……
もう
文句ばっかり言わない!
がんばろうよ ある姉ちゃん!

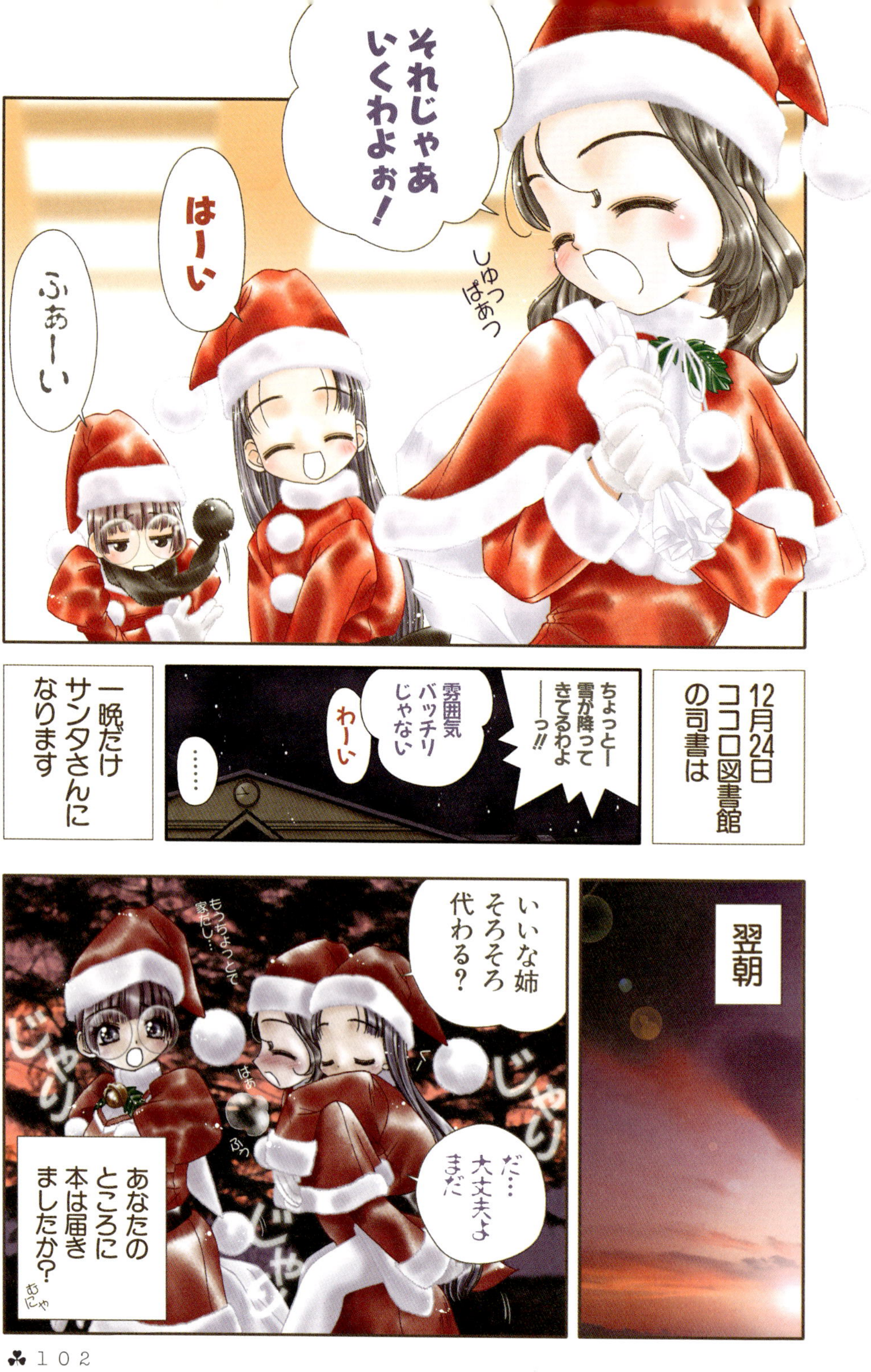

それじゃあいくわよぉ！
しゅっぱあっ
はーい
ふぁーい
12月24日ココロ図書館の司書は
ちょっとー雪が降ってきてるわよーーっ!!
雰囲気バッチリじゃない
わーい
……
一晩だけサンタさんになります
翌朝
いいな姉 そろそろ代わる？
だ…大丈夫よ まだ
もうちょっとで家だし…
はぁ
ふっ
じゃり
じゃり
じゃり
あなたのところに本は届きましたか？
むにゃ

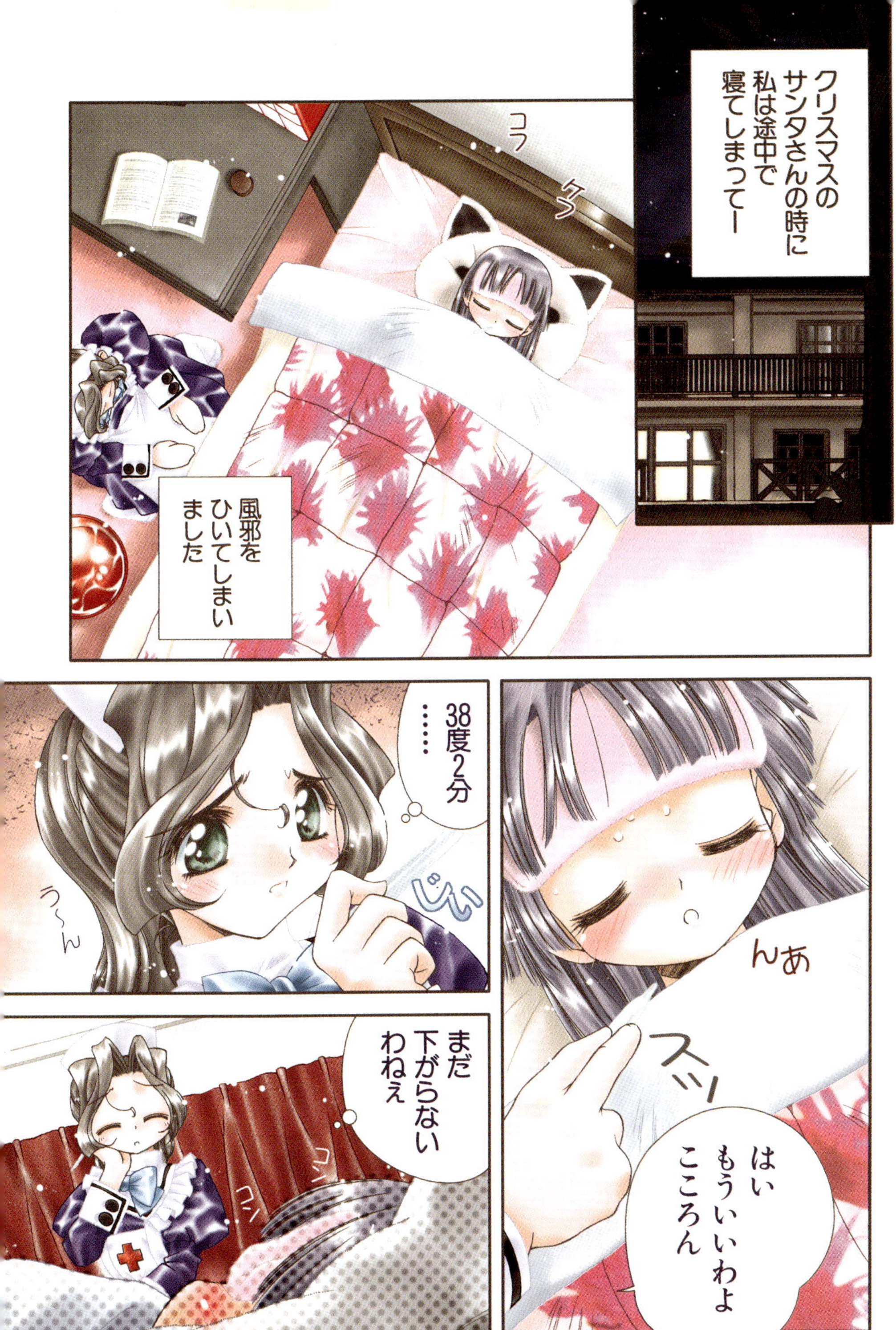
クリスマスのサンタさんの時に私は途中で寝てしまってー
コフ
ケフ
風邪をひいてしまいました
38度2分……
じぃ
う〜ん
んあ
スッ
はい もういいわよ こころん
まだ下がらないわねぇ
コン
コン

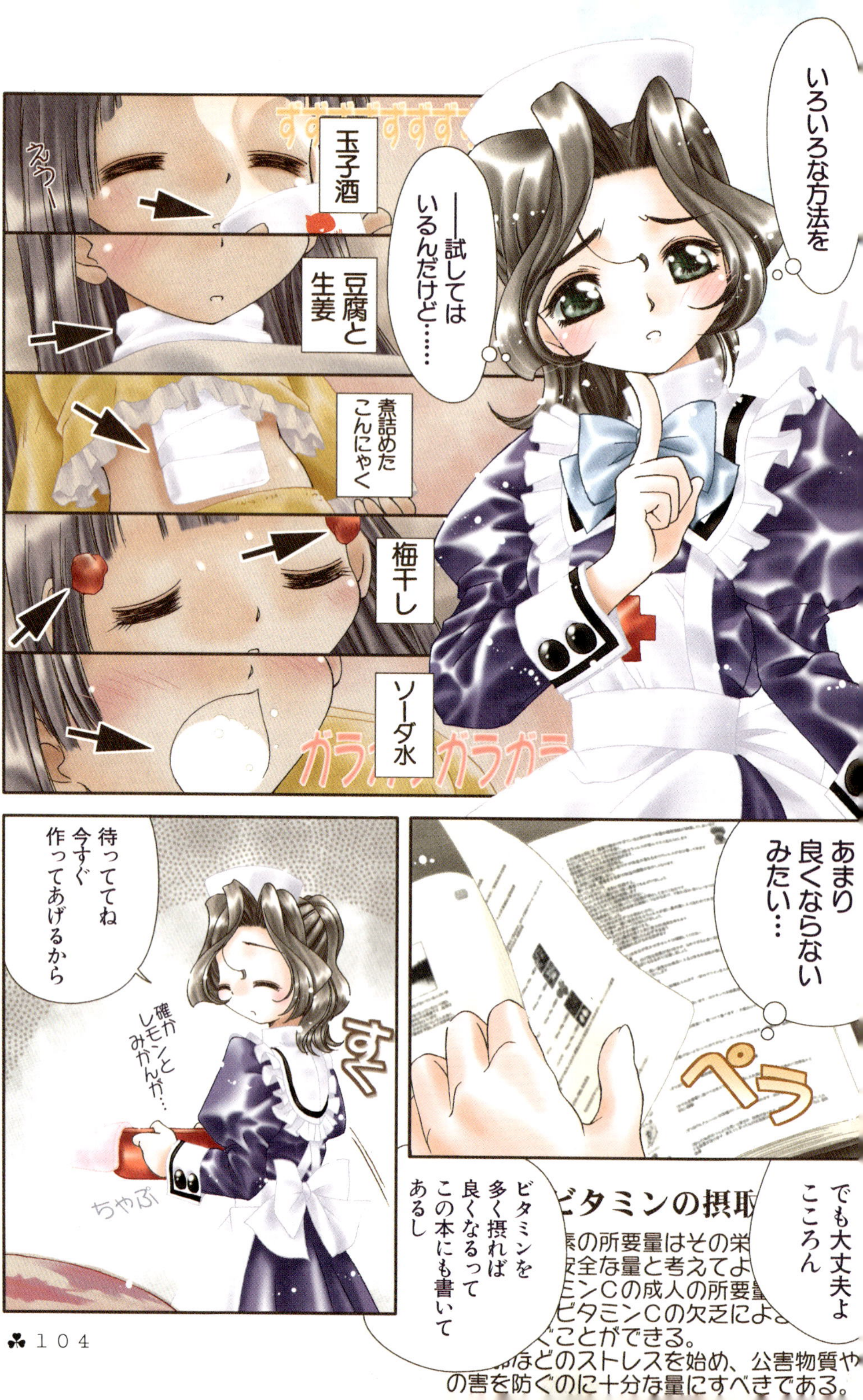
いろいろな方法を
——試してはいるんだけど……
玉子酒
すずずずずず
豆腐と生姜
煮詰めたこんにゃく
梅干し
ソーダ水
ガラガラガラガラ
あまり良くならないみたい…
ペラ
でも大丈夫よ こころん
ビタミンを多く摂れば良くなるってこの本にも書いてあるし
ビタミンの摂取
素の所要量はその栄
安全な量と考えてよ
ミンCの成人の所要量
ビタミンCの欠乏によ
ぐことができる。
などのストレスを始め、公害物質や
の害を防ぐのに十分な量にすべきである。
待っててね 今すぐ作ってあげるから
すく
確かレモンとみかんが…
ちゃぷ

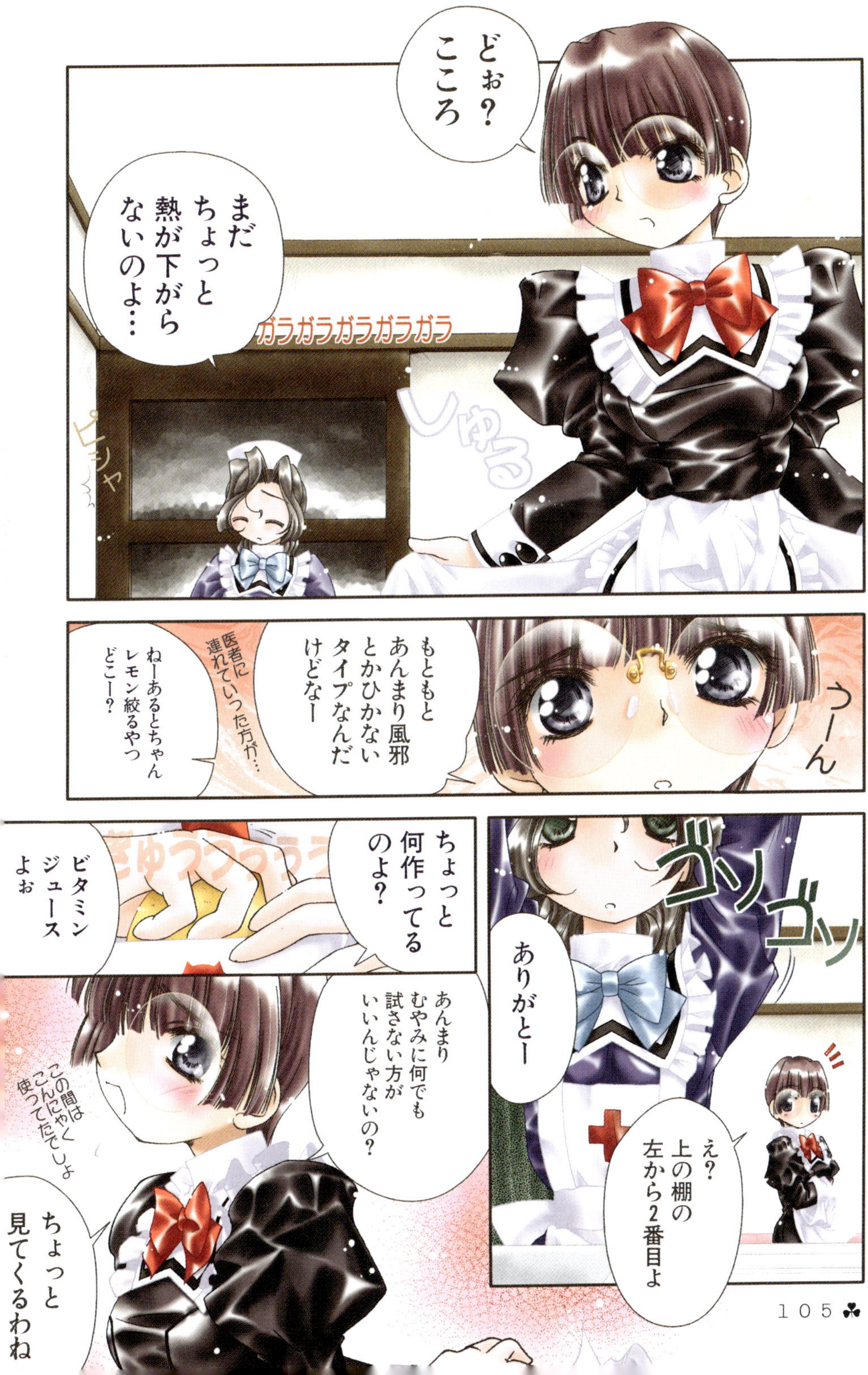
どぉ？こころ
まだちょっと熱が下がらないのよ…
ガラガラガラガラガラ
しゅる
ピシャ
うーん
もともとあんまり風邪とかひかないタイプなんだけどなー
医者に連れていった方が…
ねーあるとちゃんレモン絞るやつどこー？
ゴソゴソ
ありがとー
え？上の棚の左から2番目よ
ちょっと何作ってるのよ？
ビタミンジュースよぉ
あんまりむやみに何でも試さない方がいいんじゃないの？
この間はこんにゃく使ってたでしょ
ちょっと見てくるわね

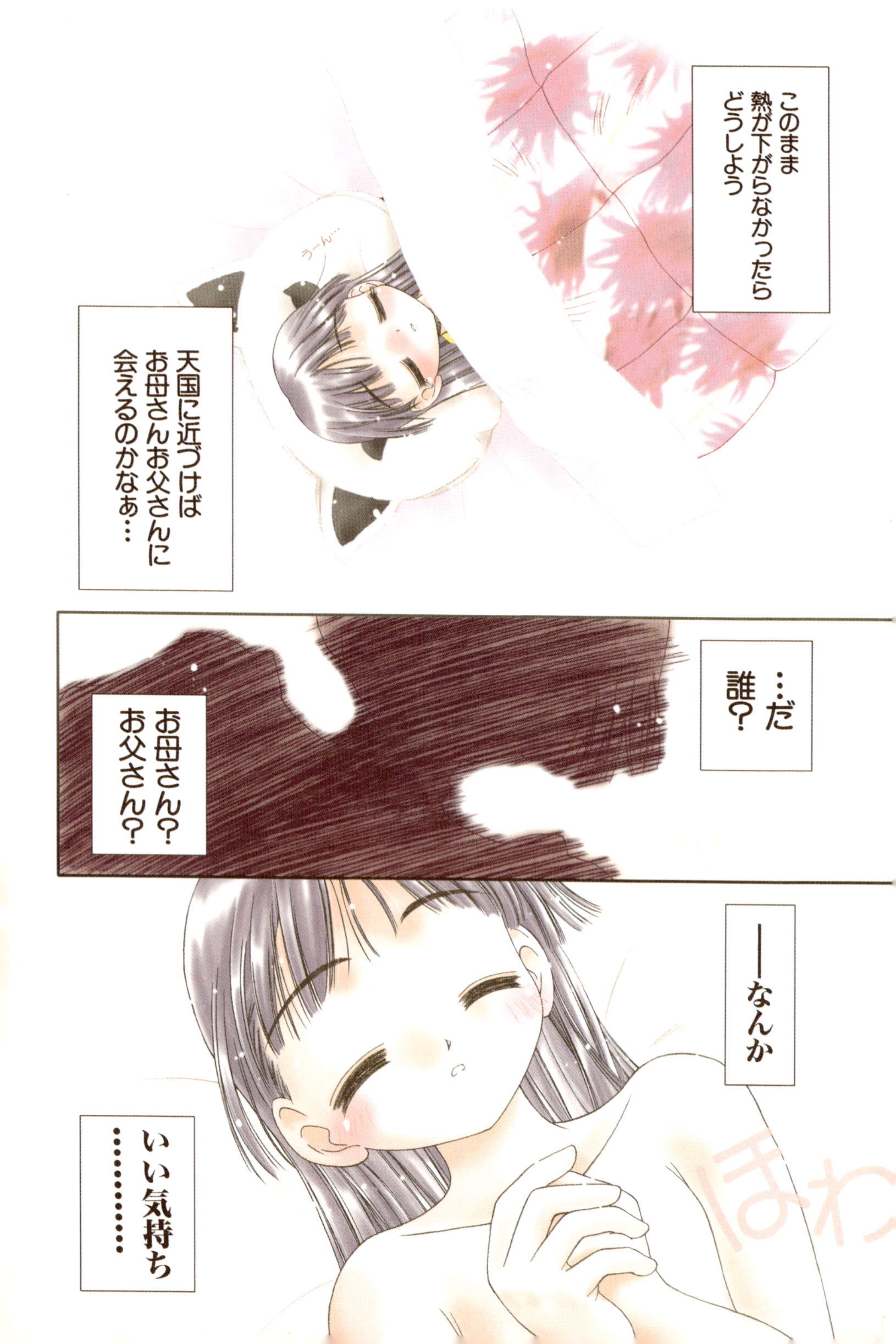
このまま
熱が下がらなかったら
どうしよう
う〜ん…
天国に近づけば
お母さんお父さんに
会えるのかなぁ…
…だ
誰?
お母さん?
お父さん?
——なんか
ほわ
いい気持ち
…………

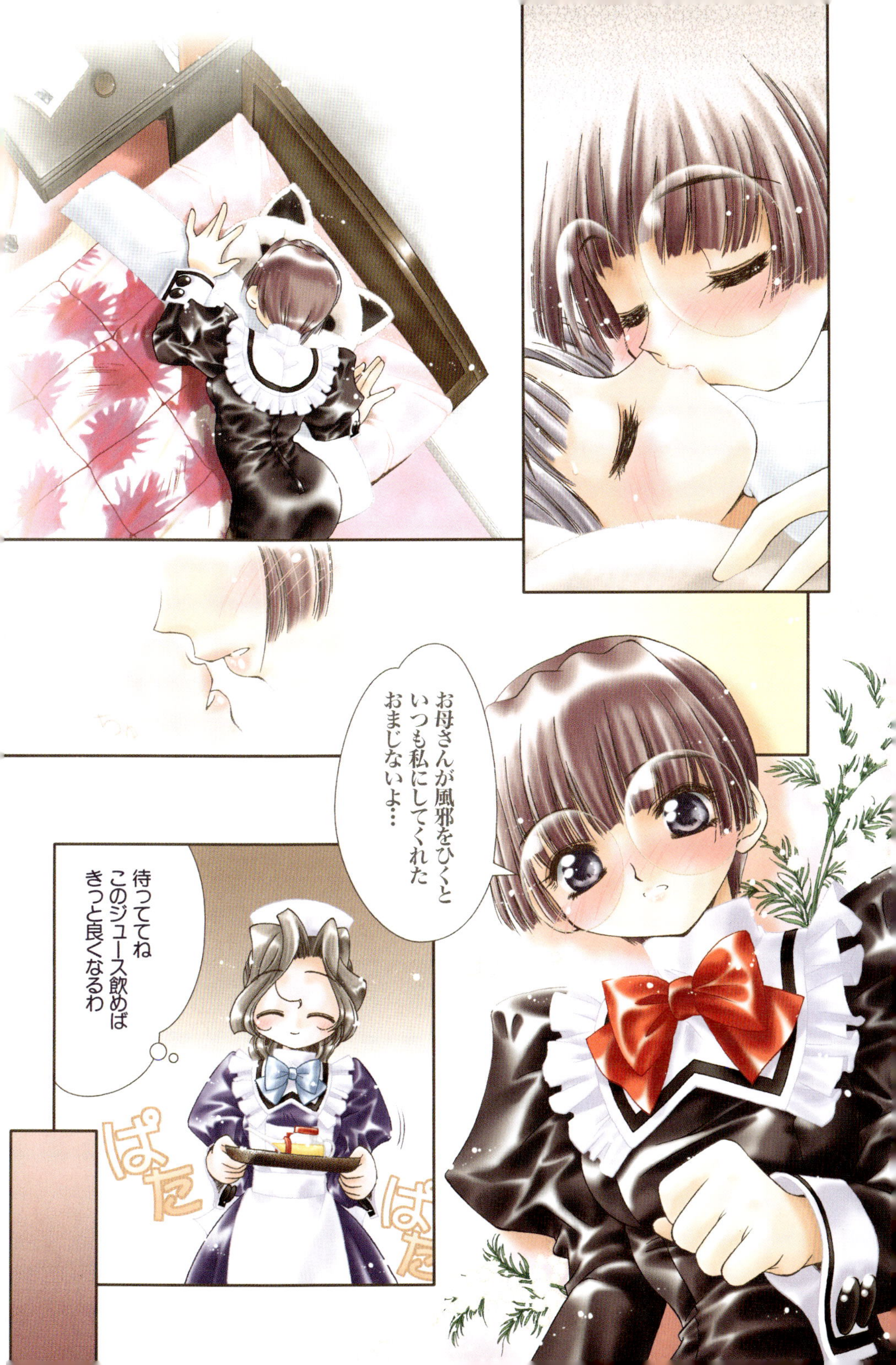
お母さんが風邪をひくと
いつも私にしてくれた
おまじないよ…
待っててね
このジュース飲めば
きっと良くなるわ
ぱたぱた

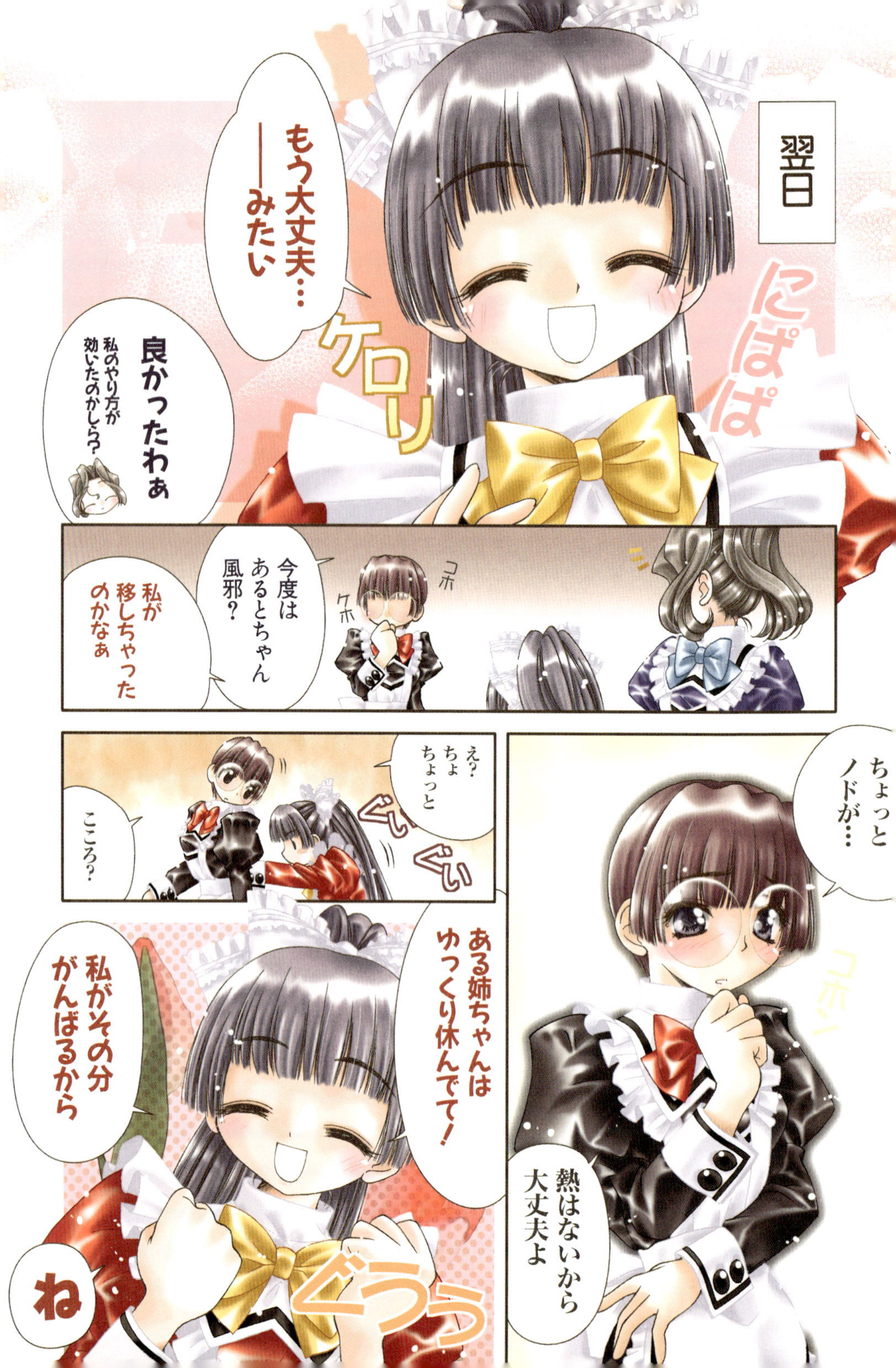
翌日
にぱぱ
もう大丈夫…
――みたい
ケロリ
良かったわぁ
私のやり方が効いたのかしら?
コホ
ケホ
今度はあるとちゃん風邪?
私が移しちゃったのかなぁ
ちょっとノドが…
コホン
熱はないから大丈夫よ
え?ちょちょっと
ぐいぐい
こころ?
ある姉ちゃんはゆっくり休んでて!
私がその分がんばるから
ね
ぐうぅ

K O K O R O
L I B R A R Y
KoKoSho Perfection
* k o k o r o *

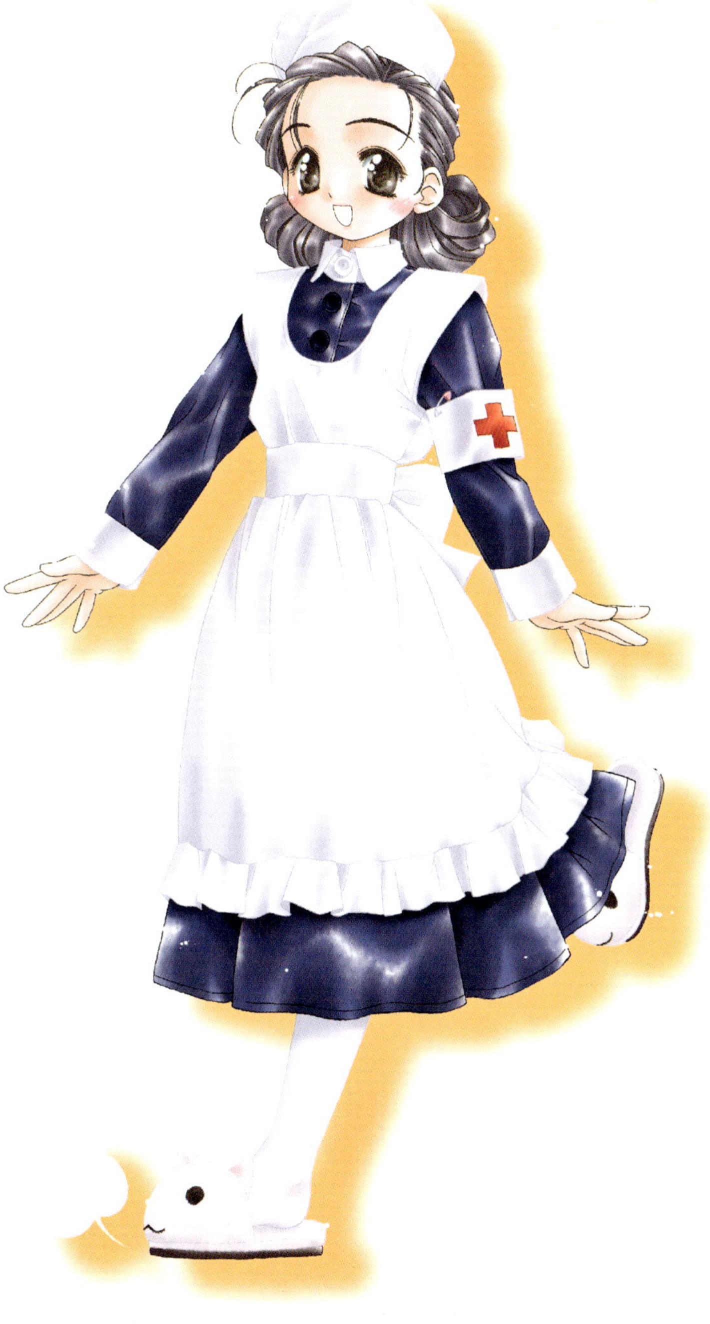

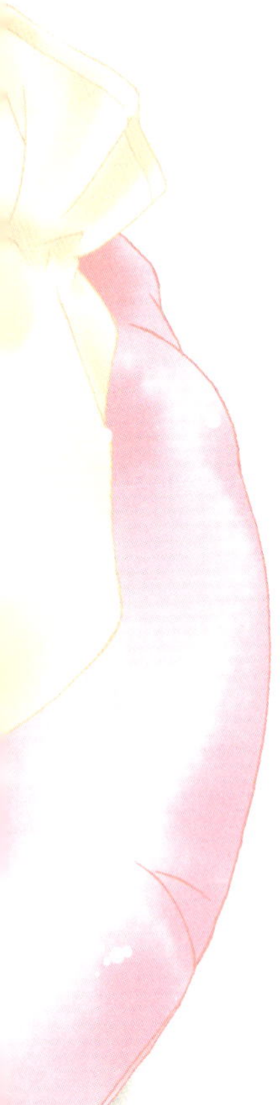

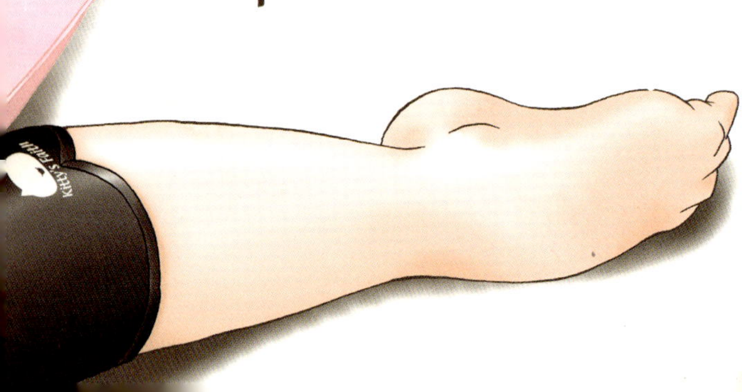

あとがき

こんにちは、はじめまして。
ココロ図書館第1巻をお届けいたします。

というか、初めての単行本ですよ〜。
嬉しいです、ホントに嬉しいんです。

何も分からないまま始めて1年が経ちました。
それまでの生活とは一変した環境に
まだ馴染めていません。
自分が、漫画を描いているんだという状況にも
未だに慣れていません。（それは、まずいのでは!?）

ただ、今まで休日にやっていた事を毎日しているんだ
という事を考えると、毎日が日曜日(?)な訳です。
それはもう、楽しい限りで
楽しいので、1週間、1ヶ月があっという間に
過ぎていきます。
しかし、あっという間なので、毎月その時間に
苦しめられているという一…。
世の中、嬉しい楽しいだけでは、過ごしていけない
という事ですねー。

と、そんな、漫画を描くことが出来る事に感謝。
毎月忙しい中、脚本を書いて下さっている黒田氏に感謝。
すばらしいタイトルや単行本のデザインをして下さった、神宮司氏に感謝。
カラー漫画という、ちょっと変わった連載の機会を下さった、
電撃大王の編集部さまに感謝。
そして、この本を読んで下さっている皆様に、
ありがとう。

2001年3月 記
高木信孝

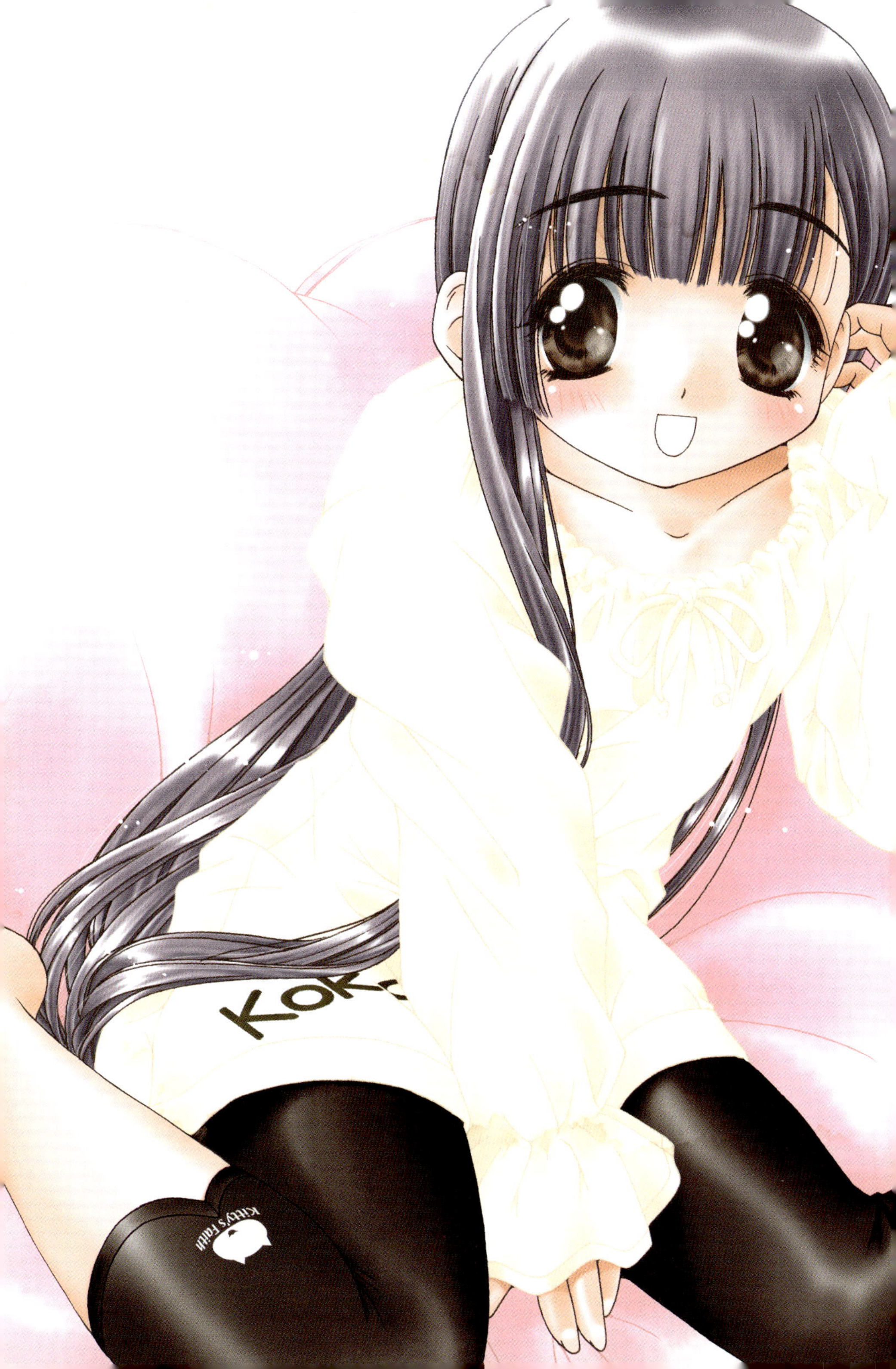
Kitty's Faith

DengekiComics EX

ココロ図書館①

2001年 4 月25日　初版発行

著者　髙木信孝　　脚本　黒田洋介

発行者　佐藤辰男

発行所　株式会社メディアワークス　〒101-8305　東京都千代田区神田駿河台1-8　東京YWCA会館
電話03-5281-5215(編集)

発売元　株式会社角川書店　〒102-8177　東京都千代田区富士見2-13-3
電話03-3238-8605(営業)

装丁　神宮司訓之(zin STUDIO)

印刷・製本　凸版印刷株式会社

初出／コミック電撃大王 2000年4月号～12月号(メディアワークス刊)

ISBN4-8402-1821-8　C0979